Hermann Riefle
und
Wolfgang Wangler

Nein, ich bin zu dumm

G. Bernard

© 1986 by Jugend-, Missions- und Sozialwerk Altensteig e.V.
in Zusammenarbeit Verlag Gottfried Bernard, 5900 Siegen
Gesamtherstellung: Druckhaus Gummersbach,

ISBN 3-925968-06-7

Inhalt

*Zur Ehre Gottes als Dank
für sein wunderbares Handeln.
Meiner Familie
für alle Treue
in Höhen und Tiefen.
In Liebe und Anerkennung
meinen Mitarbeitern
und
in Dankbarkeit allen Mitbetern
und dem ganzen Freundeskreis.*

Vorwort

Spricht Gott wirklich? Erwartet Gott von uns, das zu tun, was unmöglich erscheint? Erfüllt Gott sein Wort, wenn er redet? Das sind nur einige Fragen, auf die Sie Antwort finden können, wenn Sie hier lesen, wie Gott Hermann Riefle geführt hat. Er ist ein Mann, der Gott beim Wort genommen und konsequent gehorcht hat. Dieser Mann ist in Deutschland bekannt für seine entschiedene Hingabe an den Herrn und seine Bereitschaft, Glaubensschritte zu tun, egal was für Hindernisse es gibt. Sie werden von der Treue Gottes in bezug auf die Erfüllung seines Wortes Geschichte um Geschichte in diesem Buch lesen. Hermann ist bei vielen Verantwortlichen bekannt als ein treuer Freund. Er wurde in den letzten 10 Jahren vielen Mitarbeitern und der Leiterschaft von Jugend mit einer Mission in Deutschland zum Freund und Seelsorger. Seine Liebe und Hingabe zum Herrn waren schon vielen ein Beispiel. Er ist ein Mann, der seiner Zeit voraus ist. Hermann bekam göttliche Eindrücke und hat im Glauben an das Wort Gottes danach gehandelt, und das in besonderen Bereichen, wo andere sich bestimmt zurückgehalten hätten. Als Resultat hat er Dinge entwickelt, die die Jugend mobilisieren, die Gemeinde Jesu stärken und bis in die Gesellschaft hineinwirken. Dies kommt besonders in der neu entstandenen Medienarbeit zum Ausdruck. Wenn Sie dieses Buch lesen, lassen Sie sich herausfordern zu erkennen, wie Gott Sie gebrauchen kann.

Loren Cunningham
Präsident und Gründer von Jugend mit einer Mission

Warum dieses Buch erscheinen soll...

Durch die in den letzten Jahren in Altensteig aufgebauten, vielfältigen Programme, in denen von den Kindern bis zu den Senioren wöchentlich viele hundert Menschen erreicht werden, taucht oft die Frage nach der Entstehung dieses Werks auf. Warum hat sich diese Arbeit so entwickelt? Was waren die entscheidenden Impulse, und wo liegen die Geheimnisse des Altensteiger Auftrags? Alle diese Anfragen sollen mit diesem Buch zu beantworten versucht werden.

Dabei geht es nicht darum, Menschen zu verherrlichen, sondern zu zeigen, wie Gott einen Mann mit allen seinen Stärken und Schwächen berufen, geformt und geleitet hat, damit diese Arbeit entstehen konnte. Die Wahl des Buchtitels will daher auf diese Gedanken aufmerksam machen, denn diese Worte waren die Antwort Hermann Riefles, als Pastor Cho ihn fragte, ob er den göttlichen Auftrag annehmen wollte.

Besonders die Offenheit, mit der Hermann Riefle uns Mitarbeiter an seinem Innenleben bei Siegen und Niederlagen teilhaben ließ, hat uns als Mitarbeitermannschaft sehr eng mit ihm zusammengeschweißt. Diese Offenheit, für manchen Leser vielleicht befremdend, ist in diesem Buch ebenfalls zu finden.

Wie in den biblischen Lebensbildern wird hier die Geschichte eines Menschen erzählt, der in dem von Gott gegebenen Auftrag steht und trotz Höhen und Tiefen im Glauben an seinen Herrn vorwärts geht. Die Liebe zu diesem Herrn Jesus Christus und die Hingabe an seine Mitarbeiter und an seinen Auftrag haben in uns tiefe Eindrücke hinterlassen, die durch dieses Buch einer breiteren Öffentlichkeit ebenfalls zugänglich werden sollen.

Es ist unser Wunsch und unser Gebet, daß jeder Leser neu angespornt wird, mit ganzer Entschiedenheit und Treue Jesus Christus nachzufolgen und ihm von ganzem Herzen zu dienen.

Das JMS-Team

Verkauft - verlassen -
aber nicht vergessen

Mit tränenüberströmtem Gesicht blickte ich der kleinen Gestalt nach, die langsam in Richtung der fränkischen Kreisstadt Dinkelsbühl den Hügel hinunterging. Jetzt drehte sie sich noch einmal um und winkte mir zu. Deutlich konnte ich den grauen Mantel und das grau-weiß-karrierte Kopftuch erkennen, das meine Mutter immer anzog, wenn sie außer Haus ging. Auch ihre Schuhe waren mir wohlbekannt, denn vor wenigen Monaten hatte ich sie ab und zu angehabt, wenn ich irgendwo hin mußte, wo man nicht barfuß gehen konnte. Rechts und links am Arm hatte sie eine Tasche voller Obst. Das sollte helfen, die karge Kost zu Hause bei meinen drei Geschwistern zu bereichern. Für mich war es jedoch nicht mehr als Sklavenlohn, für den ich hier in diesem Dorf auf dem großen Hof als »kleiner Knecht« arbeiten mußte. Wie hatten sie gesagt: »Zwei Zentner Weizen, fünf Körbe Äpfel und einige Kleinigkeiten aus dem Garten«, das sollte meine Familie jährlich für meine Arbeit erhalten.

Mein Elternhaus

Man schrieb das Jahr 1946. Mein Vater war bereits Ende 1945 als überzeugter Nationalsozialist verhaftet worden und kam ins Internierungslager Hammelburg. Mutter war nun gezwungen, unsere Familie allein durch die schwere Nachkriegszeit zu bringen, und ich, der Älteste von vier Geschwistern, sollte dabei mithelfen. Eigentlich hatte ich ja nicht nur drei Geschwister, sondern sechs, denn mein Vater hatte aus seiner ersten Ehe bereits zwei Kinder und meine Mutter hatte ebenfalls schon einen Jungen, als sie heirateten. So waren wir sieben Kinder aus drei verschiedenen Ehen. Da war natürlich das Auskommen miteinander ein Problem für sich. Einmal hörte ich, wie Mutter klagte, als Vater nach Hause kam: »Wie sollen wir unsere Kinder nur alle richtig erziehen? Deine und meine haben die unseren wieder geschlagen.« Vater machte dann kurzen Prozeß und schlug uns alle so lange, bis sein Zorn verraucht war.

Vielleicht war es nicht das Zuhause, das ich gerne gehabt hätte. Aber eben doch mein Zuhause. Und jetzt — jetzt wohnte ich bei fremden Leuten, mußte auf diesem großen Hof arbeiten, das Vieh versorgen, auf dem Feld mitarbeiten, und vieles andere mehr. Natürlich hatte mir Mutter die Situation erklärt. Auch heute, als sie mich besuchte, machte sie mir klar, daß es nicht anders ging. Sie konnte nicht all die hungrigen Mäuler alleine stopfen, und so war es für sie ein Geschenk, daß ihr Bekannte von diesem Hof erzählten, wo ich nun wohnen und arbeiten sollte.

Ich hatte mir alles angehört, aber verstanden hatte ich sie im tiefsten Grund nicht. Nur ihre liebevollen Augen und ihr durchdringender Blick brachten es fertig, daß ich in diesen Weg einwilligte. Wie sollte ich auch als achtjähriger Junge verstehen, daß ich nicht daheim bei meiner Mutter und den Geschwistern sein durfte. Andere Kinder waren doch auch zu Hause und mußten nicht bei fremden Menschen arbeiten! Ich fühlte mich wie ein Sklave, und niemand auf dem Hof mit seinem Knecht und den Helferinnen verstand mich. Und nun hatte mich auch meine Mutter wieder verlassen. Miteinander waren wir bis auf den Hügel oberhalb des Dorfes gegangen, wo sich unsere Wege wieder trennen mußten. Sie ging hinunter in die Stadt, um mit dem Omnibus wieder nach Wassertrüdingen zu fahren, und ich mußte zurückbleiben, um weiter meine von mir nicht verstandene Arbeit zu verrichten. Allein stand ich auf dem Hügel, bis meine Mutter meinem Blick in der Ferne völlig entschwunden war. Dann brach das ganze Elend mit neuer Macht über mich herein. Weinend vor Heimweh und Zorn stand ich da und fragte mich, warum Gott das alles zuließ.

Bekehrung und Gebetserhörungen meiner Mutter

Ich hatte schon manches von Gott gehört, besonders von meiner Mutter, die vor einigen Jahren in schwerster seelischer Not Gott erlebt hatte. Wie hatte sie uns Kindern erzählt: »Als ich nicht mehr weiter wußte und völlig verzweifelt in meinem Bett lag, träumte ich, daß sich über mir der Himmel öffnete, und eine Hand streckte sich mir entgegen und sagte: »Karolina, faß an, ich reiß dich heraus!« Bald darauf wurde sie in die Liebenzeller Gemeinschaftsstunde eingeladen und fand dort den Weg zu Jesus Christus.

Sie wurde eine Beterin, die viele Zeichen und Wunder erlebte. Oft hatte ich ihr Gebet beobachtet und gesehen, daß Gott es beantwortete. Einmal, es war im Winter, als der Schnee wie eine dichte weiße Decke über den Feldern lag, betete sie, weil wir wieder einmal viel zu wenig zu essen hatten. Im Gebet zeigte ihr Gott einen Acker mit Feldsalat und gab ihr Anweisung, dort hinzugehen. In kindlichem Glauben tat sie das, und als sie dort war, sah sie, daß ein großer Teil des Schnees weggeschmolzen war. Sie holte den Salat, und bald darauf schneite es wieder, und das Feld wurde erneut zugedeckt.

Wie oft hatte sie in großer Not die praktische Hilfe des Gebets erfahren. Manchmal, wenn sie bis an den Rand ihrer Kräfte gekommen war und nur noch zu Gott schreien konnte, schickte er Menschen, die uns wie die Raben den Elia versorgen mußten. Plötzlich stand eine Frau vor der Tür, die Brot gebacken hatte und, ohne es zu wollen, mehr gebacken hatte, als sie benötigte. Sie sagte: »Plötzlich war mir klar, daß ich euch dieses Brot bringen sollte.« Ein anderes Mal als Mutter wieder einmal fast eine Nacht zu Gott geschrien hatte, stand morgens eine Bekannte vor dem Haus, und als meine Mutter sie aufforderte, doch hereinzukommen und sich zu setzen, sagte sie: »Nein, ich muß erst meinen Auftrag ausrichten.« Erstaunt fragte meine Mutter: »Was hast du denn für einen Auftrag auszurichten?« Da erzählte sie: »Als ich mit meinem Mann zusammen betete, bekamen wir den Eindruck von Gott, wir sollten einen Korb mit Lebensmitteln und Geld zusammenpacken und ihn gleich heute morgen dir bringen.« Dann schleppte sie einen großen Korb voller Lebensmittel und 300 Reichsmark ins Wohnzimmer. Mit Tränen in den Augen nahm meine Mutter diese Gabe an und dankte für die treue Versorgung, die sie wieder einmal erfahren hatte.

Nein — sie hatte es nicht leicht, meine Mutter. Vater kam oft betrunken nach Hause und schlug und demütigte die ganze Familie, denn die Arbeitskollegen hetzten ihn auf, weil er eine gläubige Frau hatte. Schreckliche Szenen hatte ich zu Hause schon erlebt, und manches sollte noch folgen.

Einmal kam Vater wieder betrunken nach Hause, während wir mit Mutter am Abendbrottisch saßen. Vor unseren Augen würgte er Mutter am Hals, als ob er sie umbringen wollte. Dann fragte er mit harter Stimme: »Mutter, gefällt dir das, was ich mache?« Wir Kinder saßen wie erstarrt da. Die Angst um unsere Mutter versetzte uns in Panik. Doch Mutter war ganz ruhig und gab mit kaum hörbarer Stimme zur Antwort: »Väterchen, es ist alles gut, was du machst!«

In diesem Augenblick fielen meinem Vater die Arme wie gelähmt nach unten. Ein Wunder war geschehen. Gottes Eingreifen und seine Hilfe wurden sichtbar, und der Glaube meiner Mutter sowie ihre Standhaftigkeit siegten.

Meine erste Erfahrung mit Gott

Das alles zog in diesen Augenblicken an meiner Erinnerung vorüber. Wo war nun der Gott meiner Mutter? Konnte er nicht auch jetzt den Himmel über mir öffnen und mir helfen? Er hatte doch meiner Mutter so oft geholfen. Auch in der schlimmen Zeit während des Naziregimes, als die Ehe meiner Eltern getrennt werden sollte und es darum ging, meine Mutter unter Androhung des KZ und der Gaskammer vom lebendigen Glauben abzubringen, erlebte sie Gottes Hilfe. Eines Tages erhielt sie eine Vorladung zur Kreisleitung. Da sie nicht wußte, was sie dort erwarten würde, ging sie zu einer gläubigen Schwester, um mit ihr zu beten. Danach wurde sie ganz ruhig und hörte klar und deutlich die Stimme Gottes in ihrem Herzen: »Lieber tot als untreu.« Diese Aussage ging mit ihr bis hinein ins Verhör. Plötzlich war die Gegenwart Gottes so stark in diesem Raum, ohne daß Mutter viel gesprochen hatte. Die Gestapo war so erschrocken, daß einer der Nazis schrie: »Gehen sie hinaus, wir können mit ihnen nichts mehr anfangen!«

Auch diese Erfahrung meiner Mutter kam mir jetzt wieder ins Gedächtnis. Plötzlich formte sich in mir ein Gebet — oder vielleicht war es mehr ein innerer Schrei. »Gott, du kannst auch mir jetzt helfen.« Wenige Minuten später kam eine tiefe Ruhe in mein so aufgewühltes Kinderherz. Mir war, als ob mich jemand in seine Arme genommen hätte. Obwohl kein Mensch da war, fühlte ich deutlich diese Umarmung. Ich war geborgen und getröstet wie nie zuvor in meinem Leben. In meinem Herzen war es, wie wenn jemand zu mir sprechen würde. Eine Stimme voll Trost und Liebe. Da versprach ich als damals achtjähriger Junge: »Wenn ich einmal in meinem Leben je zu Geld kommen werde, dann möchte ich es nutzen, um eine Einrichtung für

11

Kinder zu schaffen, denen es genauso schlecht geht wie mir.« Daß hier Wurzeln von all dem liegen, was später in Altensteig entstehen würde, wußte ich damals natürlich noch nicht. Erst Jahrzehnte später sollte ich erfahren, wie ernst Gott mein Versprechen genommen hatte.

Gott ist größer als unsere Not

Monate waren vergangen, mein »Hügelerlebnis« lag weit hinter mir und die Situation meiner Familie hatte sich so weit verbessert, daß ich nach Hause durfte. Doch war die Zeit in der Fremde nicht spurlos an mir vorüber gegangen.

Ich war totkrank durch die Folgen von manchen Versuchungen, denen ich nicht widerstehen konnte. Einige Jugendliche, die auf den umliegenden Bauernhöfen die gleiche Arbeit zu verrichten hatten wie ich, machten mich zu ihrem Kumpanen. Jung und unerfahren, wie ich war, führte ich alle ihre Anweisungen durch, ohne mir der Konsequenzen bewußt zu sein. Die Folge davon war, daß ich in dieser Zeit unter anderem nikotinsüchtig wurde. Es hatte ganz harmlos begonnen, als unser Knecht aus der englischen Gefangenschaft zurückgekehrt war. Er hatte dort den englischen Bewachern die Haare geschnitten und dafür Tabakwaren bekommen. Da er selbst Nichtraucher war, brachte er den Tabak mit auf den Hof. Öfters durchsuchte ich den ganzen Bauernhof, um für mich etwas Brauchbares zu finden. Die beste Zeit dafür war immer, bevor ich das Vieh losmachen mußte, um es auf die Weide zu treiben, weil dann die übrigen Helfer schon auf dem Feld bei der Arbeit waren. So entdeckte ich eines Tages einen großen Beutel mit schwerem, dunkelbraunem englischen Tabak und einen weiteren mit hellem, goldgelbem Tabak. Mir war klar, daß es auffallen mußte, wenn ich alles auf einmal wegnehmen würde. So entschloß ich mich, täglich kleinere Mengen davon zu holen und ihn auf der Viehweide zu rauchen. Mit Erschrecken stellte ich bald darauf fest, daß ich Gleichgewichtsstörungen, Herzrhythmusstörungen sowie Schmerzen in der Lebergegend bekam. Als meine Mutter dies entdeckte, brachte sie mich sofort zum Arzt, der nach gründlicher Untersuchung feststellte, daß ich durch den Nikotinmißbrauch einen Leberschaden hatte und auch mein Blut dadurch verändert war. Die folgende Behandlung war für mich wie eine Entziehungskur, die mich an den Rand des Todes brachte. Meine Mutter hingegen ließ sich von diesen äußeren Umständen nicht so stark beeindrucken, denn sie hatte gelernt, wider alle Umstände zu glauben. Eines Morgens, als ich mit schwerer Atemnot auf einer Holzbank lag und zu ihr sagte: »Nun muß ich wohl sterben«, sah sie mich mit durchdringendem Blick an und gab mir zur Antwort: »Nein Hermännle, du wirst nicht sterben. Du mußt dich erst von ganzem Herzen bekehren, denn so kann dich der Herrgott weder hier auf der Erde noch in der Ewigkeit gebrauchen.«

Ich erinnere mich, daß dieser Heilungsprozeß bis zu meinem vierzehnten Lebensjahr andauerte und ich zeitweise täglich gespritzt werden mußte.

Als ich so krank von dem Bauernhof nach Hause kam, war mein Vater zwar noch verhaftet, aber wir glaubten an seine baldige Rückkehr. Realistisch gesehen war das jedoch kaum möglich, denn wir wußten, daß viele andere ehemaligen SS-Leute zu jahrelangen Gefängnisstrafen verurteilt wurden. Manche mußten ihren Glauben an Hitler und sein tausendjähriges Reich sogar mit ihrem Leben bezahlen.

Vater kehrt zurück

An einem Morgen im Frühjahr des Jahres 1947 rief meine Mutter uns Kinder zusammen und teilte uns mit, daß ihr Gott im Gebet gezeigt hätte, daß Vater an Weihnachten heimkehren würde. Begeistert über diese Neuigkeit erzählten wir dies sofort unseren Freunden und Bekannten. Als Mutter das hörte, war sie gar nicht erfreut. Vielleicht hatte sie manchmal selbst Zweifel an diesem Eindruck, den sie im

Gebet gehabt hatte, oder sie wollte nicht, daß wir daraus ein Stadtgespräch machten. Ich weiß es nicht, jedenfalls haben wir Kinder es überall bekanntgemacht.

Dennoch ging dieser Eindruck nicht so schnell in Erfüllung. Bangend und hoffend verbrachten wir die folgenden Wochen und Monate. Im Dezember schrieb Vater dann tatsächlich, daß er gehört hätte, an Weihnachten sollten einige der Inhaftierten beurlaubt oder sogar entlassen werden. Dann kam der sechzehnte Dezember. Es erreichte uns eine Karte, in der Vater schrieb, daß alles rückgängig gemacht worden sei, niemand dürfe zu Weihnachten das Lager verlassen. Das war eine harte Glaubensprobe für uns alle. Mutter sagte jedoch nicht viel, sondern betete lange. Danach war sie sich ihrer Sache ganz sicher. Sie schrieb Vater, er solle sich keine Sorgen machen, denn sie sei ganz gewiß, daß er an Weihnachten entlassen werde.

Dann kam der Heilige Abend. Lange hatten wir diesem Tag entgegengefiebert. Nicht wegen der Geschenke, denn die waren damals mehr als bescheiden, sondern wegen der Rückkehr unseres Vaters, den wir alle vermißten. Der Tag verging, und es geschah nichts. Enttäuschung zeichnete sich bei uns Kindern ab. War am Ende alles doch nicht wahr? Deprimiert versammelten wir uns unter dem kleinen Christbaum, den Mutter irgendwo für uns aufgetrieben hatte. Wir sangen die bekannten Weihnachtslieder, jedoch ohne Freude und Begeisterung. Plötzlich öffnete sich die Tür und herein trat — Vater! Er erzählte uns, daß er wider Erwarten noch am Morgen in die Schreibstube des Lagers kommen mußte und dort ohne viele Erklärungen die Entlassungspapiere bekam. Bis spätestens 13 Uhr mußte er das Lager verlassen haben, wobei er der einzige war, dem das an diesem Weihnachtsfest gestattet wurde. Wieder einmal hatte Gott seine Zusage bestätigt und seine Treue unter Beweis gestellt. Besonders für meinen Vater, der zu diesem Zeitpunkt noch kein entschiedener Christ war, wurde diese

Entlassung zu einem einschneidenden Erlebnis. Ja, Gottes Wort ist wahrhaftig, und was er zusagt, das hält er gewiß (Psalm 33, 4).

Bis ich allerdings diese Wahrheit für mein persönliches Leben verstand, sollten noch einige Jahre ins Land gehen.

Verachtung, Stottern und Jähzorn

Manches an göttlichen Führungen und Wundern habe ich in dieser Zeit erlebt. Manchmal besuchte ich die Kinderstunde der Liebenzeller Mission. Im Alter von etwa vierzehn Jahren hatte ich mich dort entschieden, nun auch Jesus nachzufolgen. Aber leider hielt diese Entscheidung nur eine gewisse Zeit an. Es gab soviel, was ich haben und erreichen wollte, daß ich mir einfach meinen eigenen Weg suchte. Gott hatte da keinen Platz mehr, und ich wußte auch, daß die Methoden mit denen ich meine Ziele erreichen wollte, nicht immer mit den seinen übereinstimmten. Es war mir wichtig, Anerkennung zu bekommen, sei es dadurch, daß ich der Anführer einer Schlägertruppe wurde, oder daß ich es in meinem Beruf zu etwas brachte. Auf alle Fälle wollte ich nicht mehr länger verachtet werden. Die Gründe, warum ich verachtet wurde, waren mein Vater, ein ehemaliger Nazi, meine gläubige Mutter und nicht zuletzt die Armut unserer Familie. Um aus dieser Situation herauszukommen, brauchte ich Erfolge. Ein weiteres Problem, das ich hatte und das mir schwer zusetzte, war mein Stottern. Jedesmal, wenn ich etwas sagen sollte und jemand mich ansah, wurde ich unsicher und fing an zu stottern. Oft haben meine Kameraden und Bekannten mich deswegen ausgelacht. Meine Reaktion darauf war immer die gleiche. Ich schlug in ohnmächtigem Zorn um mich. Das fiel mir nicht schwer, denn ich hatte ja von meinem Vater den unbändigen Jähzorn geerbt, der wohl schon seit

Generationen in unserer Familie vorkam. Schon sein Vater war ein so jähzorniger Mensch, daß mein Vater deshalb von zu Hause weglief, und von meiner Großmutter wurde im ganzen Dorf erzählt, daß er sie einmal während eines Streites an ihrem langen Haarzopf vom Wohnhaus bis in die Werkstatt seines Wagnergeschäftes gezogen hatte. Als der gesamte Haarzopf kurz vor der Werkstatt abging, hängte er ihn voller Stolz an das Fensterkreuz und zeigte damit jedermann, daß er der Herr im Haus war. Da ich schon als fünfjähriger Junge fast ein Jahr vom Elternhaus getrennt war und bei meinen Großeltern lebte, konnte ich manche Szene mit eigenen Augen miterleben. Dieses stolze und jähzornige Wesen sollte auch mir noch viele Jahre zu schaffen machen.

Mein Vater war genauso, so daß wir als Kinder große Probleme hatten, ihn als unseren Vater zu achten. Er hatte dieses schwere Erbe mitbekommen, und da er zu jener Zeit noch kein Christ war, gab es für ihn auch keine Möglichkeit, damit fertigzuwerden. Er lebte in einem ständigen Kampf zwischen seinen starken, negativen Veranlagungen mit ihren destruktiven Folgeerscheinungen und einem tiefen Empfinden, daß es eine Befreiung aus dieser Gebundenheit geben müsse. Deshalb bestand er auch darauf, daß wir Kinder in die Kirche gingen, um dadurch etwas Gutes für unser Leben mitzubekommen. Obwohl er selbst diesen Weg nicht gehen wollte oder konnte, sah er doch, daß der Weg des Glaubens, den Mutter ging, auf jeden Fall für uns Kinder der bessere war. Da er jedoch versuchte, uns durch Druck und Schläge zum Kirchgang zu zwingen, löste er bei uns nur Aggressionen gegen die Kirche und das Christentum aus.

Ein weiteres Problem, das dieses innere Spannungsfeld in uns Kindern noch verstärkte, kam durch die nationalsozialistische Unterweisung, die wir im NS-Kindergarten erhielten. Man lehrte uns dort schon früh, die Juden zu hassen und das Christentum abzulehnen. Zu Hause aber war die gläubige Mutter, die uns das Gegenteil sagte, während Vater als linientreuer Nationalsozialist die Thesen des Dritten Reiches vertrat. So erklärte er zum Beispiel einmal, daß man der Kirche nun bald den Garaus machen würde und es nicht mehr lange ginge, bis sie geschlossen werde. Dies von ihm zu hören und gleichzeitig von ihm zum Kirchgang gezwungen zu werden war für uns Kinder völlig unverständlich. So saßen wir aus Angst vor ihm zwar in der Kirche, aber bereits während der Predigt dachten wir uns die Streiche aus, die wir nach dem Gottesdienst ausführen wollten. Wir ließen alles in der Hoffnung über uns ergehen, daß wir, wenn wir älter wären, die christliche Tradition endlich über Bord werfen könnten.

Daß mein Vater mit über siebzig Jahren dann doch noch ein entschiedener Christ wurde und mit fünfundsiebzig Jahren als tiefgläubiger Mensch heimging, zeigt, daß sein inneres Suchen nach wahrem Sinn und Frieden doch nicht vergeblich war. Er bezeugte mir persönlich, daß der starke Glaube und das Leben meiner Mutter ihn überzeugte und er deshalb den Glauben an Jesus Christus annahm.

Fahrlässige Körperverletzung

1951 begann ich eine Lehre als Bau- und Möbelschreiner und hatte damit viel Freude und Erfolg. Am Schluß der Ausbildung wurde ich sogar als der beste Lehrling des Kreises Dinkelsbühl ausgezeichnet. Aber auch das löste meine charakterlichen Probleme und Verklemmungen nicht. Behaupten mußte ich mich nach wie vor mit den Fäusten und Ellenbogen. In manchen Schlägereien wurden meine Gegner schwer verletzt, und ich bin fest davon überzeugt, daß nur das intensive, gläubige Gebet meiner Mutter Schlim-

meres verhindert hat. Damals konnte ich es nur ahnen —
inzwischen hat sie es mir jedoch erzählt.

Auch später, als ich schon älter war, versuchte ich immer
mit allen Mitteln, das Angestrebte auch zu erreichen, egal
welchen Preis ich letztendlich dafür zu zahlen hatte. In der
Gewerbeschule hatte einer meiner Mitschüler zwei Äpfel
dabei. Nachdem er den einen verspeist hatte, sagte ich ihm,
er solle mir den anderen geben. Damit war er überhaupt
nicht einverstanden, sondern steckte ihn in seine Hosentasche, damit ich ihn nicht holen konnte. Ich nahm mein Ta-
schenmesser heraus, legte es an seine Hose und sagte:
»Wenn du mir den Apfel nicht freiwillig gibst, schneide ich
ihn heraus.« Trotzig steckte er seine Hand in die Hosentasche und hielt den Apfel fest. »Ich zähle bis drei«, sagte ich
drohend, »wenn du dann nicht losläßt, schneide ich.« Ich
wollte den Apfel um jeden Preis haben, und da er noch immer nicht bereit war, ihn freiwillig herauszurücken, schnitt
ich ihm die Hosentasche auf, und mein Messer verletzte ihn
sehr tief am Daumen und den vier Fingern. Das Blut
strömte heraus, und ich schrie ihn an, er solle mit mir zur
Apotheke kommen, um sich die Hand verbinden zu lassen.
Der Apotheker weigerte sich, das zu tun, und wollte erst einen Arzt holen. Ich drohte ihm mit einer Anzeige wegen
unterlassener Hilfeleistung, wenn er nicht sofort die Hand
verbinden würde. Zwar verband er daraufhin die Hand,
aber einige Tage später stand die Polizei vor der Tür und
wollte mich zu dieser Sache vernehmen. Mein Opfer hatte
inzwischen eine Blutvergiftung bekommen, und die Folge
davon war, daß der Arm steif wurde. Nun sollte es eine Ge-
richtsverhandlung geben. Es war klar, daß meine Mutter
Schmerzensgeld zahlen sollte, bis ich selber diese Last
übernehmen konnte, um dann wohl bis an mein Lebens-
ende zu zahlen. Mutter nahm mich in ihrer Not mit zum
Prediger der Gemeinschaft, in die sie regelmäßig ging, und
dort mußte ich wohl oder übel alles bekennen. Dann bete-

ten sie miteinander, daß Gott doch ein Wunder tun möge, damit unser Leben nicht unter so einer großen Belastung stehen würde. Kurze Zeit später waren der Arm und alle Finger des Jungen wieder voll funktionsfähig, und die Verhandlung gegen mich wurde abgesagt. Wieder einmal hatte das gläubige Gebet meiner Mutter mich vor den Folgen meiner Tat bewahrt.

Gott holt mich ein

Als ich etwa siebzehn Jahre alt war, ging ich nach Stuttgart, um dort eine weitere Ausbildung als Möbelverkäufer zu machen. Daß Gott gerade diese Zeit benützen würde, um wieder einmal ganz persönlich nach mir zu greifen, hätte ich nie gedacht. Im Gegenteil, ich glaubte, den Gebeten meiner Mutter endlich entronnen zu sein. Obwohl sie nicht viel gesagt hatte, wußte ich doch genau, daß sie mit meinem Lebenswandel nicht einverstanden war. Wenn sie mich dann mit ihren durchdringenden blaugrauen Augen anschaute, fühlte ich mich bis auf den Grund meiner Seele durchschaut. Diesem und der Kleinkariertheit unseres Städtchens sowie der ganzen Familie wollte ich Lebewohl sagen. Was war da besser, als in eine andere Stadt zu gehen, um dort selbständig meinen weiteren Weg zu suchen. Obwohl ich über hundert Kilometer von meiner Mutter entfernt war, erfuhr ich doch immer wieder ihren Einfluß, den sie durch ihre intensiven Gebete auf mich ausübte.

Eines Abends, als ich mir eben für einen Film im Kino eine Karte gekauft hatte, der bestimmt weder für meine Seele noch für meinen Geist gut gewese wäre, wurde ich plötzlich von solch einer Angst erfaßt, daß es mir nicht möglich war, das Kino zu betreten. Ich warf die Karte weg und lief wie von wilden Tieren gehetzt die Straße entlang. Viele Wochen später, als ich zu Besuch nach Hause kam, fragte mich meine Mutter: »Hermännle, wo warst du an dem Tag, um die und die Zeit?« Schon die Anrede konnte ich überhaupt nicht leiden, und so sagte ich trotzig: »Erstens, heiße ich Hermann, und nicht Hermännle, und zweitens, warum willst du das denn wissen?« — »Oh«, sagte sie, »an diesem Tag wurde ich plötzlich zu dieser Zeit stark gedrängt, für dich zu beten.« Ich erinnerte mich sofort an die Begebenheit, denn sie saß mir noch immer in den Knochen.

Hatte mich also die Macht des Gebets wieder einmal vor Bösem bewahrt. Aber das zugeben oder gar davor kapitulieren konnte ich damals noch nicht. Das sollte erst später kommen, als ich mit neunzehn Jahren durch die Straßen von Stuttgart ging.

Meine Bekehrung

Wo wollte ich eigentlich hin? Ich hatte kein richtiges Ziel, weder für diesen Abend noch für mein Leben als Ganzes. Vor einigen Wochen hatten mich Bekannte zu einem christlichen Jugendkreis eingeladen. Aber das paßte mir überhaupt nicht ins Konzept. So ging ich also an diesem Donnerstagabend in Stuttgart durch die Königstraße. An einer Ecke sah ich einen kleinen Menschenauflauf. In der Mitte stand ein Mann, der offensichtlich eine Rede hielt. Neugierig ging ich darauf zu. Da ich jedoch nicht zu nahe hingehen wollte, versteckte ich mich hinter einem großen Kastanienbaum und lauschte. Schnell war mir klar, daß es sich um eine Freiversammlung handelte. Gerade als ich mich wieder aus dem Staub machen wollte, hörte ich deutlich die Stimme des Redners: »Junger Mann dahinten, auch du brauchst Jesus!« Der Mann konnte mich überhaupt nicht gesehen haben, und doch waren diese Worte an mich gerichtet. Wie Feuer brannten sie sich in meine Gedanken, und mein ganzes gottloses Wesen wurde mir bewußt. Zwar war ich viel zu feige und zu schüchtern, um vor allen Leuten darauf zu reagieren, aber tief in meinem Inneren war etwas in Bewegung gekommen. Ich gab mein Leben Jesus Christus. Ein tiefer Friede und eine unbeschreibliche Ruhe erfüllten mein Herz. Genau wie damals auf dem kleinen Hügel oberhalb Dinkelsbühls spürte ich ganz deutlich die Gegenwart Gottes. Erneut hatte mich die Liebe Gottes eingeholt, was mir irgendwie unbegreiflich war. Viel später erst erfuhr ich in einem Gespräch mit meiner Mutter, daß sie mich schon als Kind ganz bewußt Gott geweiht hatte.

Sie erzählte mir von meiner Kindheit, in der ich oft sehr krank war. Bedingt durch die Kriegsjahre und die damit verbundenen Entbehrungen, war ich körperlich sehr schwach und anfällig. Oft sah es so aus, als ob ich sterben müßte, und meine Mutter konnte nur hoffen, daß ich den nächsten Tag erleben würde. Als ich wieder einmal schwer krank war, sagte eine befreundete Frau zu meiner Mutter: »Lina, ich bin Krankenschwester, und ich weiß, wenn es so aussieht, geht es bestimmt nicht mehr lange.« Da war sie völlig verzweifelt. Plötzlich sagte eine Stimme zu ihr: »Weihe mir deinen Sohn.« In ihrer Not und Verzweiflung meinte sie, daß ich nun sterben müßte und sie mich an Gott abgeben sollte. Da wurde sie an das Erlebnis von Abraham erinnert, der seinen Sohn auf den Opferaltar legte. So betete sie: »Herr Jesus, ich lege den Hermann in deine Hände. Mache du mit ihm, was du willst.« Wie ernst Gott dieses Gebet nahm, und daß er es auf eine ganz andere Art erhörte, verstand sie erst viel später.

Außerdem möchte ich hier hinzufügen, daß selbst meine Mutter schon in jungen Jahren eine Berufung für die Reichgottesarbeit bekam. Sie wollte damals auf die Hensoltshöhe, um sich dort als Diakonisse ausbilden zu lassen. Aber ihre Eltern hatten das verhindert, und so ist ihre Berufung nicht in dieser Form verwirklicht worden. Doch eine echte, von Gott gegebene Berufung lebt weiter, so daß sie dann eben erst in der nächsten Generation zum Tragen kommt.

Erste Kontakte mit der
»Volksmission entschiedener Christen«
und Liebe auf den ersten Blick

Nun besuchte ich den christlichen Jugendkreis, zu dem ich bereits vor langer Zeit eingeladen worden war. Ich hatte Gott zwar persönlich erfahren und ihm mein Leben übergeben, ein Verständnis von Heiligung, d.h. einer neuen, veränderten Lebensführung, hatte ich damals jedoch noch nicht. Die damaligen Jugendleiter können bestimmt ein Lied davon singen, wieviel Mühe und Not ich ihnen mit meinem schwierigen Charakter und meinem Jähzorn bereitet habe. Ich bin ihnen heute von Herzen dankbar, daß sie mich nicht aufgegeben haben, sondern immer wieder neu in mein Leben investierten. Besonders Günther Hageloch, der damals Leiter des Jungmännerkreises und Bläserchors war, hat sich hier besonders verdient gemacht. Er nahm mich auch in seinen Chor auf und ließ mich die Zugposaune blasen, obwohl ich von Musik keinerlei Ahnung hatte. So schräg, wie mein Wesen war, habe ich auch gespielt und manche Chorprobe geschmissen. Ich litt sehr unter meiner mangelnden Musikalität, besonders weil ich in dieser Zeit ein sehr nettes Mädchen kennenlernte, das von Musik begeistert war. Es begann an einem Tag, als ich durch Zufall in das falsche Zimmer lief. Ich war zu Besuch bei Familie Haug in Stuttgart-Stammheim, wo mein Bruder Adolf arbeitete. Hermann Haug, der Vater des Mädchens, war mir durch die Versammlungen der »Volksmission entschiedener Christen« bekannt, die ich inzwischen regelmäßig besuchte. Auch ich war ihm wohlbekannt, jedoch nicht im positiven Sinn, sondern vielmehr durch die Probleme, die ich den Verantwortlichen des Jugendkreises und meiner Firma bereitet hatte. An diesem Abend landete ich in der Küche, wo seine Tochter Doris ganz allein das Essen einnahm. Sie war eben aus einem Lungensanatorium entlassen worden, denn sie hatte eine schwere Tuberkulose, die ihre Lunge stark angegriffen hatte. Ihr Vater wußte als entschiedener Christ um die Heilung durch Gebet und hatte diese selbst erlebt. Als sie operiert werden sollte, holte er sie nach Hause. Weil die Ansteckungsgefahr groß war, mußte sie allein und mit einem speziellen Geschirr und Besteck essen. Für mich war es Liebe auf den ersten Blick, und ich wußte: Dieses Mädchen wird einmal deine Frau!

Doch wie sollte ich das anstellen? Ich, der ungehobelte Straßenjunge aus ärmlichen Verhältnissen, und Doris, die Tochter aus gutem Hause. Doch auch hier kam mir der Zufall — heute sage ich, die göttliche Führung — zu Hilfe. Am selben Abend sah ich Doris mit meinem Bruder einen Spaziergang machen. Es ärgerte mich, daß er bei ihr war, und ich überlegte blitzschnell, wie ich ihn loswerden könnte. Meine Blicke fielen auf seine Schuhe, und ich sah, daß er Hausschuhe trug. Scharf fuhr ich ihn an: »Adolf, weißt du nicht, daß man in der Großstadt nicht mit Hausschuhen herumlaufen darf?« Er, der erst vor kurzem in die Stadt gekommen war, erschrak sehr. »Aber was soll ich denn jetzt machen? Ich kann doch Doris nicht allein lassen«, sagte er. »Das laß nur meine Sorge sein. Ich werde schon auf sie aufpassen. Geh du nur nach Hause und zieh dir andere Schuhe an«, antwortete ich triumphierend. Nachdem er weg war, machten wir gemeinsam einen großen Spaziergang. Als wir wieder am Ausgangspunkt waren und sie nach Hause gehen mußte, fragte ich sie geradeheraus: »Willst du meine Freundin werden?« — »Das ist aber eine schwere Frage«, meinte sie nachdenklich. »Danach habe ich nicht gefragt«, gab ich zur Antwort, »ich will ja nur wissen, ja oder nein?« — »Ja«, sagte sie zaghaft, und ich küßte sie, reichte ihr die Hand und meinte: »Dann ist ja alles klar zwischen uns. Du wirst gesund, und wir heiraten.« Das ganze war eine Sache von fünf Minuten, wir trennten uns, und jeder ging nach

Hause. Dieses feine und zurückhaltende Geschöpf sollte also einmal meine Frau werden.

Wen wundert es, daß alle sagten: »Ihr paßt nicht zusammen.« Aber wir waren uns unserer Sache sicher und ließen uns nicht davon abbringen. Gott hat Doris vollkommen geheilt, und trotz aller Widerstände fanden wir immer eine Möglichkeit zusammenzukommen. Einmal wollte ich ihr eine besondere Freude machen und versprach, ihr altes Harmonium wieder aufzupolieren. Mit großem Eifer und viel Liebe habe ich mich an die Arbeit gemacht und war richtig stolz, daß es so schön geworden war. »Nun«, sagte ich zu Doris, »mußt du mir auch einen besonderen Wunsch erfüllen. Ich möchte ein Lied singen, und du sollst dazu spielen.« Gesagt, getan. Aus voller Kehle sang ich den ersten Vers des Liedes »Welch ein Freund ist unser Jesus«, und Doris begleitete mich. Mitten im zweiten Vers stand sie auf und verschwand. Da meine Devise »durchhalten« hieß, sang ich die restlichen Verse eben ohne Begleitung. Nach einer Stunde kam Doris, immer noch kreidebleich, zurück. »Ist dir nicht gut?« fragte ich sie. »Allerdings«, erwiderte sie, »weißt du, bei deinem Gesang kann man nicht einmal mit dem Harmonium den Ton halten.« Das war natürlich eine schwere Demütigung für mich und verstärkte meinen tiefen Wunsch, richtig singen zu können. Jahre später, als ich schon als Pastor in meiner ersten Gemeinde war, erhörte Gott diesen Wunsch auf eine ganz außergewöhnliche Weise. Jetzt war ich aber noch in Stuttgart und versuchte Eltern und Verwandtschaft davon zu überzeugen, daß Doris und ich zusammengehörten. Ein schweres Stück Arbeit lag da vor mir. Vier Jahre lang war ihr Vater gegen eine Ehe mit mir. Alle meine Argumente und Tricks halfen da überhaupt nichts. Einmal, als mein Schwiegervater mir wieder klarmachen wollte, daß unsere Freundschaft nie etwas Bleibendes sein könne, weil Doris Krankenschwester werde und gar nicht heirate, sagte ich ihm, daß ich dann eben ihr

Dauerpatient würde. Für mein ungestümes Temperament waren diese vier Jahre eine schwere, aber gute Schule.

Göttliche Heilung

Obwohl ich in diesen Jahren in Stuttgart alles andere als ein guter Christ war, habe ich doch auch in dieser Zeit Gottes Größe auf ganz ungewöhnliche Art und Weise erlebt. Ich wußte, was ich wollte, und ging immer zielbewußt darauf los, sei es bei Menschen, oder bei Gott.

Als mir zu Ohren kam, daß der bekannte Heilungsevangelist Hermann Zaiss in der Stadt predigte, wollte ich unbedingt zu dieser Versammlung. Als ich dort ankam, war alles überfüllt, so daß die Polizei die Halle bereits gesperrt hatte. Also stand ich ganz hinten an der geöffneten Tür und versuchte, über die Köpfe hinweg den Redner zu sehen, der ganz vorne stand. Das war beinahe unmöglich, denn die Masse verdeckte mir den Blick. Seine Stimme konnte ich jedoch deutlich hören. Er sprach über die Heilungskraft, die der Herr Jesus heute noch offenbaren will. Da ich schon lange ein Magenleiden hatte, dachte ich: »Das ist deine Gelegenheit.« Doch wie sollte ich nur nach vorne kommen? Nach alter Manier legte ich mich auf den Boden und zwängte mich schnell zwischen den Beinen der vor mir stehenden Personen durch. Wahrscheinlich waren alle so schockiert, daß keiner mir ernsthaften Widerstand leistete. Als ich wieder auftauchte, stand ich direkt vor Bruder Zaiss, der natürlich auch erschrocken war. »Was willst du denn?« fragte er mich. »Gesund werden«, erwiderte ich. Er fragte mich nach meinem Namen und freute sich, daß auch ich Hermann heiße. Dann legte er mir die Hände auf und betete mit mir, und von diesem Augenblick an war ich vollkommen gesund.

»Knietheologie« bei Karl Keck

Obwohl viele Christen gewaltige Probleme mit mir hatten, gab es doch immer wieder Menschen, die es wagten, trotz meiner rauhen Schale, den weichen Kern in mir zu suchen. Einer von ihnen war Karl Keck, ein ehemaliger Missionar der Liebenzeller Mission und Mitbegründer der »Volksmission entschiedener Christen«. Er war schon etwas älter, aber sein Herz war jung geblieben. Er hatte besonderes Verständnis für mich. Wie ein Vater nahm er sich meiner an und gab mir etwas Kostbares mit auf meinen weiteren Lebensweg. Da er ein Mann des Gebets war, lehrte er auch mich das Beten; nicht etwa in theoretischer Form, nein, ganz nach dem Motto, daß beten nur durch beten zu lernen ist. So verbrachten wir viele Stunden mit der »Knietheologie«. Das Interessante war, daß er meistens zuerst betete, und wenn ich dann dran war, schlief er ein. Doch immer, wenn ich glaubte, es sei jetzt genug, er schlafe ja sowieso, wachte er schlagartig auf und sagte: »Hermann, weiterbeten!«

Durch seine Praxis sah ich, daß das Gebet nicht nur aus Anbetung und Fürbitte besteht, sondern daß es auch darum geht, sich im Gebetskampf mit den Mächten der Finsternis auseinanderzusetzen. Er führte mich hinein in die vom Apostel Paulus bezeugte Wahrheit in Epheser 6, 10-18:

»Zuletzt: Seid stark in dem Herrn und in der Macht seiner Stärke. Ziehet an die Waffenrüstung Gottes, daß ihr bestehen könnt gegen die listigen Anläufe des Teufels. Denn wir haben nicht mit Fleisch und Blut zu kämpfen, sondern mit Mächtigen und Gewaltigen, nämlich mit den Herren der Welt, die in dieser Finsternis herrschen, mit den bösen Geistern unter dem Himmel. Um deswillen ergreifet die Waffenrüstung Gottes, auf daß ihr an dem bösen Tage Widerstand tun und alles wohl ausrichten und das Feld behalten möget. So stehet nun, umgürtet an euren Lenden mit Wahrheit und angezogen mit dem Panzer der Gerechtigkeit, und an den Beinen gestiefelt, als fertig, zu treiben das Evangelium des Friedens. Vor allen Dingen aber ergreifet den Schild des Glaubens, mit welchem ihr auslöschen könnt alle feurigen Pfeile des Bösen, und nehmet den Helm des Heils und das Schwert des Geistes, welches ist das Wort Gottes. Und betet allezeit mit Bitten und Flehen im Geist und wachet dazu mit allem Anhalten und Flehen für alle Heiligen.«

Er machte mir klar, daß die sichtbare Welt viel kleiner ist als die unsichtbare, und öffnete mir durch sein Gebetsleben die Augen für die Realitäten, die sich in der unsichtbaren Welt abspielen. Jetzt durfte ich erkennen, daß nicht Fleisch und Blut, menschliches Wissen und Macht entscheidend sind, sondern die steuernden Mächte und Kräfte, die hinter den Menschen und ihren Taten stehen. Oft erlebte ich in diesen Gebetszeiten, wie er sich mit den Fürsten und Gewaltigen der unsichtbaren Welt auseinandersetzte, und sah dann an den Gebetserhörungen die daraus entstandenen Reaktionen und sichtbaren Erfolge. Neben diesem kämpferischen Gebet führte er mich auch in die tiefe Fürbitte für andere Menschen und ihre Nöte und Probleme ein. Nicht ein oberflächliches, schnelles Gebet für die Not lernte ich bei diesem Gottesmann kennen, sondern das mitleidvolle Tragen der Lasten und das flehentliche Eintreten für andere Menschen, das oft mit Tränen verbunden war. Ein weiteres Geheimnis seiner Vollmacht im Gebet, das mir bis dahin nicht bekannt war, lag im Fasten. Er erklärte mir, warum Gebet und Fasten zusammengehören, und zeigte mir die besondere Durchschlagskraft unserer Gebete, die gerade durch das mit dem Gebet verbundene Fasten erzielt werden kann. Heute ist mir diese Erfahrung etwas ganz Wertvolles, das ich um kein Geld der Welt missen möchte.

Wie oft hat mich das Gebet in all den Jahren meines Dienstes durch die kritischsten Situationen gebracht. Ein weiteres geistliches Vermächtnis dieses Mannes war sein Segen, den er über mir aussprach. Kurz vor seinem Tod segnete er mich, und ich entdeckte, daß sich die Pioniergabe, die in seiner Berufung lag, auf mein Leben übertragen hatte. Dies war eine ganz entscheidende Erfahrung, denn ich erkannte, daß durch das Auflegen der Hände geistliche Gaben und Dienste vermittelt werden. Manches ähnliche Erlebnis sollte später noch folgen. Ebenfalls in der Stuttgarter Zeit machte ich ein weiteres Schlüsselerlebnis, das meine spätere Arbeit im Reiche Gottes prägen sollte. Mit meiner Jungmännergruppe nahm ich an einer Pfingstfreizeit auf einem Bauernhof in Neckarweihingen teil. Ich hörte dort über die Erfüllung mit dem Heiligen Geist und das Reden in anderen Sprachen. Viele Begriffe waren mir zur damaligen Zeit fremd — und doch hatte wieder etwas mein Herz gepackt. Ich ließ mir, wie viele andere, die Hände auflegen und mit mir beten. Es geschah eigentlich gar nichts Außergewöhnliches. Einige Zeit später fing ich jedoch im Gebet plötzlich an, in einer mir unbekannten Sprache zu reden. In diesem Augenblick spürte ich ganz deutlich, daß sich in mir etwas gelöst hatte. Ich konnte normal sprechen und stotterte nicht mehr. Was ich allerdings trotz dieses Wunders lernen mußte, war die deutsche Grammatik und das richtige Aussprechen von schwierigen Wörtern. Hier hatte der Herr wieder etwas Demütigendes in mein Leben gelegt, das meinem Stolz ganz schön zu schaffen machte. Jahrelang war Doris meine Sprachlehrerin und korrigierte mich, wenn ich Wörter falsch aussprach.

Durch das Erlebnis mit dem Sprechen in anderen Sprachen öffnete sich mir eine neue interessante Welt. Heute weiß ich, daß es noch viele andere Geistesgaben gibt, für mich jedoch war das Reden in anderen Sprachen immer wieder der Schlüssel zur Lösung großer Probleme. Deshalb, so glaube ich, sagte der Apostel Paulus in 1. Korinther 14, 18: »Ich rede mehr in Sprachen als ihr alle.« Und im Vers zwei sagt er: »Wer in Sprachen redet, der redet die Geheimnisse Gottes.« Was mir bei diesen Erfahrungen auch ganz deutlich wurde, ist die Tatsache, daß Gaben des Geistes Gnadengeschenke sind, die keinerlei Verdienst unsererseits voraussetzen. Auch sind sie in keiner Weise ein Zeichen besonderer Geistlichkeit oder Heiligkeit, sondern einfach Geschenke unseres himmlischen Vaters, die er in seiner großen Güte austeilt.

Die Anfänge eines jungen Predigers

Von 1957 bis 1959 besuchte ich die Bibelschule. Obwohl ich ursprünglich Innenarchitekt werden wollte, war mir plötzlich klar, daß ich ein theologisches Seminar besuchen sollte. Heute frage ich mich manchmal, warum ich damals eigentlich gegangen bin. Vom Lernen hielt ich nicht viel, und der fromme und abgeklärte Stil einer solchen Schule war doch überhaupt nicht das, was ich suchte. Aber wieder einmal war mir die Hand Gottes zu schwer geworden, und ich erlebte, wie er mein Lebensschiff steuerte, ohne daß ich dabei viel gefragt wurde. Natürlich bekam ich auch während dieser Zeit auf der Bibelschule große Probleme. Da waren meine Schulkameraden, die eifrig im Wort Gottes studierten und versuchten, als Bibelschüler ein gutes Leben zu führen. Für mich war das etwas Furchtbares, und ich sah überall meine Grenzen und Schwächen, so daß ich oftmals am liebsten davongelaufen wäre. Obwohl ich Christ war und sogar eine Bibelschule besuchte, hatte ich doch noch große Freude an meinen alten Methoden, mit denen ich schon früher Erfolg gehabt hatte. Deshalb passierte es auch in der Schule immer wieder, daß ich jemand »tatkräftig ermahnt« habe, wenn er mir in die Quere kam. Wenn mir dies glückte, war ich Gott von Herzen dankbar, daß ich ihn auch richtig erwischt hatte. Was sich Gott wohl dabei gedacht hat, mit so einem ungehobelten Klotz sein Reich zu bauen, weiß ich bis heute nicht. Tatsache ist, daß mein Zimmer bald das Prügelzimmer genannt wurde, weil es dort immer wieder zu handgreiflichen Auseinandersetzungen kam. Einer meiner Mitschüler, der es immer wieder darauf anlegte, mir die Bettdecke wegzuziehen, hatte mich so geärgert, daß ich aus meinem Bett sprang und ihn in den Schwitzkasten nahm, bis er ohnmächtig zusammensackte. Das war für meine Zimmerkollegen und mich nun doch ein so großer Schock, daß wir inständig beteten, der Herr möge doch Gnade schenken, damit er wieder zu sich kommt. Dies geschah dann auch, so daß die Sache noch einmal gut abging.

Um ein Haar von der Schule geflogen

Aber nicht nur mit den Schülern, auch mit den Lehrern hatte ich oft meine Probleme. Besonders einer von ihnen machte mir immer wieder gewaltig zu schaffen. Sein Auftreten war grundsätzlich sehr akkurat, und seine Kleidung — mit dunklem Anzug und Fliege — erschien wie aus dem Ei gepellt. Das war mir einfach zu viel! Eines Tages, als wir während der Schulpause auf dem Hof waren, entschloß ich mich, ihm einen Denkzettel zu verpassen. Er stand da und beaufsichtigte die Schüler. Schnell schlich ich mich von hinten heran, und schlug ihm mit der flachen Hand auf seinen Bauch. Vor Schreck sprang er zurück und war natürlich zu Recht sehr erregt und aufgebracht. Er rannte ins Schulgebäude, um sofort eine Lehrerkonferenz einzuberufen mit der Zielsetzung, den Riefle nun endlich von der Schule wegzuschicken. Die meisten Mitglieder des Lehrerkollegiums teilten diese Ansicht, bis auf einen alten Lehrer. Dieser war lange Zeit als Pioniermissionar in Brasilien gewesen und hatte ein väterliches Herz. Er nahm mich mit in einen kleinen Raum hinter der Druckerei, legte seinen Arm um meine Schulter und führte mit mir ein langes, intensives Gespräch. Das Ergebnis war, daß ich nun doch auf der Schule bleiben durfte. Nicht wegen meiner Qualitäten als Schüler, mit denen es ja wirklich nicht weit her war, sondern weil ich gern praktisch arbeitete. Denn gerade in dieser Zeit entstand auf der Schule ein Neubau, und da ich Bau- und Möbelschreiner gelernt hatte, machte es mir großen Spaß, hier mitzuarbeiten. So durfte ich also auf der Schule bleiben, weil ich ein leidenschaftlicher Handwerker war. Tatsächlich ging es dann aber auch während der zweiten

Hälfte der Schulzeit besser, obwohl ich kein glänzender Schüler war. Am Ende der Schulzeit wurde eine Beurteilung über jeden Schüler an den jeweiligen Missionsleiter gesandt. Da ich aufgrund meiner Kontakte über die »Volksmission« zu dieser Schulausbildung kam, erhielt meine Beurteilung Missionsleiter Karl Fix. Viel später erfuhr ich vom Schulleiter, was damals in dieser Beurteilung stand: »Hermann Riefle ist nicht zumutbar für eine Gemeindearbeit.« Das war also mein Abschlußzeugnis am Ende der Schulzeit auf der Bibelschule »Beröa« in Erzhausen bei Darmstadt. Deshalb wollte man mich zuerst in die Gemeinde nach Berlin schicken, weil man der Meinung war, daß die Berliner mich schon kleinkriegen würden.

Mühsame Anfänge in der Kinderarbeit

Doch zuerst sollte ich ein Praktikum als Zeltdiakon absolvieren. Man machte mich für die Kinderarbeit verantwortlich. Das hieß, Geschichten zu erzählen, Lieder zu singen und dabei entsprechende Bewegungen zu machen. Am Anfang war mir das völlig unmöglich. Wie sollte ein so verkrampfter und verschlossener Typ wie ich, mit den Kindern freie Bewegungen machen? Eine alte Schwester mit Namen Käthe kam mir hier zu Hilfe. Sie betete viel für mich, damit ich aus meinem »inneren Gefängnis« befreit würde, um wirklich frei zu sein. Tatsächlich ging es dann auch von Mal zu Mal besser, und die Sache fing direkt an, mir Spaß zu machen. Doch die Disziplin in meinem Kinderprogramm bereitete mir Kopfzerbrechen. Bei einem Zelteinsatz in Heidenheim war es so schlimm, daß die ganze Kinderstunde zu platzen drohte. Neben den Kleinen waren auch einige Teenager gekommen, die den Ablauf der Kinderstunde nur stören wollten. Völlig verzweifelt, weil ich nicht mehr wußte, was ich tun sollte, betete ich. Plötzlich kam mir ein Gedanke. Ich holte die fünf schlimmsten Unruhestifter aus der Gruppe nach vorn und fragte sie, ob sie Mut hätten. »Natürlich«, meinten sie, und so ernannte ich sie zu Aufpassern und erteilte ihnen das Recht, jedem eine zu kleben, der noch einmal versuchen sollte, das Programm zu stören. Das paßte natürlich ganz in ihr Konzept, und so bauten sie sich in drohender Pose vorn auf der Bühne auf. Ich hatte ab sofort Ruhe in der Kinderstunde und betrachtete es als ein besonderes Geschenk Gottes, daß auch diese fünf Burschen sich nach einigen Tagen für Jesus entschieden. In dieser Zeit lernte ich, in ausweglosen Situationen zu Gott zu schreien, was mir später bei viel schwierigeren Problemen immer wieder zu Hilfe kam.

Der erste Einsatz in Berlin

Es war im November 1959. Ich fuhr mit sieben anderen Mitarbeitern in einem VW-Bus nach Berlin, um dort eine achttägige Evangelisation mitzugestalten. Bald schon merkte ich, daß diese sieben Personen mich während der Fahrt beobachten sollten. So sprach ich also nur das Nötigste und reagierte in allem sehr kühl. In Berlin wurde ich dann aufgefordert, an jedem der Abende eine kurze Einleitung zu halten. Nach mir kam dann jeweils einer dieser sieben älteren, erfahrenen Mitarbeiter und korrigierte all das, was ich falsch gemacht oder gesagt hatte. Manchmal empfand ich es auch als ein Zerpflücken meiner Aussagen, die sicher nicht immer ganz klar und theologisch-exegetisch hundertprozentig richtig waren. Trotzdem ärgerte es mich, daß ich an jedem Abend korrigiert wurde. Daß dann auch noch die anderen Brüder unten saßen, einer sogar mit Block und Bleistift in der Hand, um meine Fehler aufzuschreiben, brachte das Faß vollends zum Überlaufen.

Die Jabezpredigt

Am Donnerstagabend dieser Evangelisationswoche faßte ich den Entschluß, so lange zu predigen, daß an diesem Abend kein anderer Redner zu Wort kommen würde, um meine Aussagen zu korrigieren. Ich sprach über 1. Chronik 4, 9 und 10 (die Geschichte von Jabez). Dort heißt es: »Jabez aber war angesehener denn seine Brüder. Seine Mutter nannte ihn Jabez, denn sie sprach: Ich habe ihn mit Kummer geboren. Und Jabez rief den Gott Israels an und sprach: Ach daß du mich segnetest und mein Gebiet mehrtest und deine Hand mit mir wäre und schafftest, daß mich kein Übel bekümmere! Und Gott ließ kommen, worum er bat.«

Die Auslegung dieses Wortes war für mich ganz klar, daher habe ich sie auch mit entsprechendem Nachdruck gepredigt. Jabez bin ich, meine Mutter hat mich mit Kummer und Sorge geboren, und ich bin angesehener als alle meine Brüder. Damit meinte ich diejenigen, die mich die ganze Woche korrigierten. So predigte ich bis der Abend zu Ende war, so daß nur der Missionsleiter noch ein kurzes Schlußwort sagen konnte. Die Folge war, daß die Berliner Gemeinde von diesem Abend so begeistert war, daß sie von dem Missionsleiter Karl Fix forderten, mich als Jungprediger nach Berlin zu schicken, was ich jedoch damals nicht ahnte. Ich erfuhr es erst später bei einer Mitarbeitertagung in Stuttgart zwischen Weihnachten und Neujahr des Jahres 1959/60, als Karl Fix öffentlich bekanntgab, daß er der Berliner Gemeinde Hermann Riefle als Jungprediger versprochen habe. Als ehemaliger Offizier fügte er in entsprechendem Ton hinzu: »Hermann Riefle hat das Herz der Berliner erobert.« Da ich nicht reagierte, forderte mich Oskar Siering, ebenfalls einer der Verantwortlichen der »Volksmission«, auf, doch gleich Stellung dazu zu nehmen. Als einer der jüngsten im Mitarbeiterkreis erhob ich mich und sagte: »Die Berliner haben so laut › Hosianna ‹ geschrien, danach kommt › kreuziget ihn ‹. Ich gehe nicht nach Berlin!« Daraufhin erhob sich ein Bruder und sagte: »Wenn du dem Kreuz in Berlin entfliehen möchtest, kannst du es auch hier haben.« Da bat ich den Missionsleiter Karl Fix, mit mir doch kurz in den Nebenraum zu gehen, um diese Sache zu besprechen. Ich sagte unmißverständlich, daß ich mich in der Öffentlichkeit nicht mehr zu Berlin äußern würde. Karl Fix war ein Mann, der ein Herz für junge Reichgottesarbeiter mit einer Berufung hatte, und zeigte Verständnis für meine Angst. Er sagte: »Hermann, bleib ruhig, ich fahre jetzt allein nach Berlin. Dort findet das Jahresfest statt, und Gott wird schon alles recht machen.« Damit war die Sache für mich abgeschlossen, und auch meine Verwandten in Stuttgart-Stammheim sagten mir: »Es ist recht, daß du nicht nach Berlin gehst.« Besonders eine ältere Tante wurde sehr energisch und meinte, sie werde alles dran setzen, daß ich nie nach Berlin gehen müsse.

Die überraschende Wende

Dann kam die Silvesternacht des Jahres 1959/60. Obwohl ich sehr müde war, konnte ich nicht einschlafen. Es war wie ein Kampf zwischen Gott und mir. Ständig klang mir der Satz in den Ohren: »Komm, geh nach Berlin.« So ging es bis morgens gegen 4 Uhr, bis ich total erschöpft war und sagte: »Herr, wenn die Menschen, die gestern und heute noch gesagt haben, ich solle nicht nach Berlin gehen, morgen für Berlin sind, dann will ich es als deinen Weg akzeptieren.«

Dann wurde ich ruhig und schlief ein. Am anderen Morgen gingen wir alle zusammen in den Gottesdienst nach Stuttgart-Zuffenhausen. Während dieses Gottesdienstes betete ein Bruder intensiv für Berlin. Dieses Gebet war so bewegend, daß es bei meinen Verwandten, die vorher so gegen Berlin waren, eine Wende um 180 Grad auslöste. Beim Mittagessen sagten sie mir: »Hermann, geh nach Berlin. Wir können das Wort Berlin nicht mehr hören.« Da brach für mich eine Welt zusammen, denn ich wußte, daß es nun kein Entrinnen mehr gab, da ich Gott in der vergangenen Nacht versprochen hatte, dies sollte das Zeichen sein, daß der Weg nach Berlin sein Wille für mich war.

Gleich am darauffolgenden Tag besorgte ich meine Fahrkarte und reiste Anfang des Jahres 1960 nach Berlin. So war ich also Jungprediger in der Gemeinde der »Volksmission« in Berlin. Obwohl damals nach meiner »Jabezpredigt« die Wellen der Begeisterung so hoch geschlagen waren, sollte die Zeit in Berlin für mich doch mit vielen Spannungen verbunden sein. Zum einen war ich natürlich die Großstadt überhaupt nicht gewohnt und hatte Probleme, mich darin zurechtzufinden. Zum anderen paßte mein Charisma, das mit viel Kreativität und Spontanität verbunden war, nur sehr schwer in einen traditionellen Gemeinderahmen, so daß ich ständig überall aneckte. Meine charakterlichen Probleme kamen natürlich hinzu, und eines Tages hörte ich jemanden sagen: »Es ist besser, wenn dieser junge Springer wieder nach Süddeutschland zurückkehrt.«

Als Seelsorger im Jugendgefängnis Plötzensee

Trotz all diesem Negativen, segnete der Herr meinen Dienst in Berlin auf ganz besondere Weise. Neben der Gemeindearbeit war ich auch in der Mitternachtsmission tätig und erlebte, wie Menschen aus den zerrüttetsten Verhältnissen zu Jesus fanden. Außerdem arbeitete ich in dieser Zeit mit der evangelischen Kirche als Gefängnisseelsorger und Bewährungshelfer im Jugendgefängnis Plötzensee. Besonders in dieser Arbeit wurde ich mit großen Problemen konfrontiert, erlebte aber auch zahlreiche Wunder. Die jugendlichen Gefängnisinsassen machten mir mit ihrem Charakter und Auftreten gewaltig zu schaffen. Ich wollte ihnen helfen und die Frohe Botschaft weitersagen, aber ihre Art und ihr Wesen bereiteten mir dabei große Probleme. Als ich eines Tages im Gebet war und Gott diese Dinge hinlegte, machte er mir plötzlich klar, daß all das, was mir hier so zu schaffen machte, eigentlich auch in meinem Leben war. Deutlich wurde mir bewußt, daß genauso, wie ich Probleme mit ihnen hatte, auch andere Menschen Probleme mit mir hatten, und daß ich letztlich in ihnen mein eigenes Wesen wiederfand. Dies war eine harte, deutliche Sprache, und ich erkannte, wie Gott gerade diese jungen Menschen benützte, um mir meine eigenen Schwächen und Fehler klarzumachen.

Die mißverstandene Gastfreundschaft

Inzwischen hatte ich geheiratet und bewohnte mit meiner Frau eine kleine, bescheiden eingerichtete Mietwohnung. Da ich meinen Gefängniszöglingen anbot, daß sie nach ihrer Entlassung, wenn sie nicht mehr weiter wüßten, gern zu mir kommen könnten, stand auch tatsächlich plötzlich der eine oder andere vor unserer Tür. Wir haben sie dann aufgenommen und ihnen für die Übergangszeit in unserer Wohnung ein Heim angeboten. Als ich eines Tages nach Hause kam, war unsere Wohnung total leergeräumt. Nur der Schlüsselbund lag wie ein zurückgelassenes Utensil auf dem Tisch. Einer meiner »Untermieter« hatte unsere gesamte Einrichtung mitgenommen. Die Verantwortlichen des Gefängnisses forderten mich auf, gegen ihn Anzeige zu erstatten. Innerlich hatte ich jedoch den Eindruck, daß ich dies nicht tun sollte, und entschloß mich deshalb, von einer Strafverfolgung abzusehen. Dies beeindruckte die anderen Gefängnisinsassen, die ich ständig besuchte, so stark, daß sie dadurch zum Nachdenken kamen und einer nach dem anderen sich für Jesus entschied. Es war eine richtige kleine Erweckungswelle, die durch das Jugendgefängnis Plötzensee ging, so daß einige der jungendlichen Insassen begnadigt wurden.

Von Engeln begleitet

Während dieser Zeit sah ich öfters ganz klar die bewahrende Hand Gottes über meinem Leben. Da der Herr mir Gnade gab bei den Verantwortlichen, wurde mir erlaubt, ohne Begleitung in die Zellen der Gefängnisinsassen zu gehen. Das Wirken des Heiligen Geistes in ihrem Leben war jedoch oft mit einem inneren Kampf verbunden, dessen Ausmaß ich teilweise mitbekam.

So erfuhr ich von einem jungbekehrten Strafgefangenen, daß er mehrere Male versucht hatte, mich umzubringen, während ich in seiner Zelle war. Er sagte: »Ich hatte mir fest vorgenommen, dich, wenn du das nächste Mal kommst, zu erledigen. Doch in dem Augenblick, als die Türe aufging und du hereinkamst, war ich völlig kraftlos und konnte meine Arme nicht mehr bewegen.« Diese Erfahrung zeigte ihm die Realität Gottes, und er entschloß sich, sein Leben zu ändern.

Ein anderes Mal berichtete mir ein anderer junger Strafgefangener eine ähnliche Geschichte. Auch er hatte so eine Wut auf mich, weil ich immer wieder kam und er wußte, daß ich eigentlich mit dem, was ich sagte, recht hatte. Er scheute sich jedoch vor den Konsequenzen einer Entscheidung für Jesus, und nahm sich ebenfalls vor, mich umzubringen. Innerlich hatte er sich darauf eingestellt, dies bei meinem nächsten Besuch zu tun. Was dann geschah, erzählte er mir so: »Als du mit den zwei anderen Männern hereinkamst, befiel mich eine große Angst. Es waren zwei so komische Männer, wie ich sie noch nie gesehen habe.« Tatsache ist jedoch, daß ich nie mit irgendwelchen Männern in die Zellen gegangen war. Meine einzige Erklärung für dieses Erlebnis ist, daß unser treuer Gott seine bewahrenden Engel mitgesandt hatte.

Das Sprachenwunder

Neben diesen erfreulichen Erlebnissen hatte ich in dieser Zeit aber auch viele Probleme und Spannungen. Obwohl ich mit geistlichen Gaben beschenkt war und Gott meinen Dienst mit diesen Gaben segnete, führte ich trotzdem noch kein geheiligtes Leben, und manche meiner Charakterzüge bereiteten mir und den anderen große Schwierigkeiten. In dieser Zeit lernte ich in Ostberlin eine ältere Schwester mit Namen Selma und einen älteren Bruder kennen. Wie Vater und Mutter kümmerten sie sich um mich und dienten mir persönlich. Die mit ihnen verbrachten Stunden machten mir neuen Mut und öffneten mir das Verständnis für ein Leben der Heiligung. Obwohl ich dies von ganzem Herzen wollte, brach immer wieder das alte Wesen durch, und meine draufgängerische Art verletzte Menschen zutiefst. Manche, die vorher meine Freunde waren, wurden dadurch zu meinen Gegnern.

Ein Erlebnis dieser Art, das ich nie vergessen werde, war die Geschichte, die ich mit einem Gemeindeältesten erlebt habe. Er war ein hochintelligenter Mann, der fließend mehrere Spachen sprach. Obwohl er mir am Anfang sehr wohlgesonnen war, hatten wir uns aufgrund gewisser negativer Erfahrungen entzweit, und er wollte unbedingt, daß ich von Berlin weggehen sollte. So haben wir uns in seinem Haus zu einer Aussprache getroffen, bei der wir jedoch keine Einigung erzielen konnten. Zum Schluß bat ich ihn, daß wir doch noch miteinander beten sollten, bevor wir endgültig auseinandergehen würden. Er war damit einverstanden, und wir gingen auf die Knie. Plötzlich hatte ich innerlich das Bedürfnis, meine ganze Not einfach in neuen Sprachen Gott zu sagen, und fing an, so zu beten. Er kniete ganz ruhig neben mir, plötzlich aber sprang er auf und schrie: »Hermann, du bist ein gemeiner Kerl!« Erschrocken fragte ich ihn nach dem Grund seiner Behauptung, worauf er mir erklärte, daß ich ihm zunächst in perfektem Hebräisch, dann in aramäisch alle seine Sünden auf den Kopf zugesagt hätte. Davon hatte ich natürlich keine Ahnung, denn die Bibel sagt ja deutlich, daß, wer in Sprachen redet, Geheimnisse redet und sein Verstand nichts davon versteht. So konnte ich also nicht wissen, was ich in Sprachen gesagt hatte. Das Ergebnis dieser Begebenheit war, daß wir uns vor Gott aussöhnten und so miteinander weiterarbeiten konnten.

Die geschenkte Musikalität

Wie schon erwähnt, litt ich sehr unter meiner mangelnden Musikalität und bat Gott oft, diese Situation doch zu ändern. Daß er dies auf eine spektakuläre Art und Weise tun würde, konnte ich allerdings nicht ahnen. Es war an einem Sonntagmorgen. Ich hatte den Gottesdienst in meiner Gemeinde eben begonnen, da öffnete sich die Tür, und herein kam Pfarrer Martin Gensichen. Er war ein alter evangelischer Pfarrer, der sehr musikalisch war und viele Lieder geschrieben und vertont hatte. Dieser Mann Gottes war ein richtiges Original, und man wußte, daß man bei ihm immer auf eine Überraschung gefaßt sein mußte. So kam er an diesem Morgen zur Kanzel und befahl mir, ich sollte mich hinsetzen. Dann sagte er zur Gemeinde: »Ich bin gekommen, um euren jungen Pastor zu segnen, denn er hat es nötig.« Empört wollte ich etwas erwidern, aber er wies mich zurecht und sagte: »Du bist ruhig.« Dann forderte er mich auf, nach vorn zu kommen und das Lied zu singen »Wachet auf, ruft uns die Stimme«. Die Gemeinde sollte mitsingen.

Wir hatten gerade mit dem Lied angefangen, da brach er im ersten Vers ab, setzte sich ans Harmonium und sagte: »Nun will ich euch zeigen, wie man dieses Lied singt.« Mit voller Kraft trat er in die Pedale, so daß bei unserem alten Harmonium der Staub aus den Wurmlöchern rieselte und ich Angst hatte, er würde das ganze Harmonium kaputtmachen. Nach diesem Lied mußte ich wieder nach vorn kommen. Er schlug in seiner Bibel Markus 16, 17-18 auf und las diesen Text laut vor. Dann legte er mir die Hände auf und segnete mich. Plötzlich fühlte ich, wie meine Stimmbänder berührt wurden, und merkte deutlich, daß sich dort etwas verändert hatte.

Von Stund an besaß ich ein musikalisches Empfinden, konnte Bläser- und Singchöre gründen und auch lange Zeit selbst leiten. Pfarrer Gensichen verstarb kurz nach diesem Erlebnis. Wiederum hatte der Herr mich mit einem geistlichen Erbe beschenkt.

Diese Erfahrung, daß ich jeden Tag von der Gnade Gottes und seinem Reichtum abhängig bin, wollte ich auch anläßlich meiner Ordination im Jahr 1962 betonen. Diese fand in Stuttgart-Zuffenhausen bei der »Volksmission entschiedener Christen« statt. Ich wählte für meine Ordinationspredigt das Wort aus Johannes 3, 27: »Johannes antwortete und sprach: Ein Mensch kann sich nichts nehmen, es werde ihm denn gegeben vom Himmel.«

Wie oft habe ich bis zum heutigen Tag dieses Wort ganz real erfahren. Wir können uns selbst nichts nehmen und anderen nichts weitergeben, wenn es uns nicht zuvor aus

Gnade von Gott geschenkt wurde. Daß dies auch mit viel Humor verbunden sein kann, soll die folgende Episode beweisen.

Dreißig Bläser

Unser Bläserchor, der aufgrund der Erfahrung mit Pfarrer Gensichen gegründet worden war, war etwa ein halbes Jahr alt. Das 30jährige Jubiläum der Berliner Gemeinde der »Volksmission entschiedener Christen« stand bevor, und es war mein Wunsch, meinem Missionsleiter an diesem Tag eine ganz besondere Freude zu machen. Die Frage war nur womit. Da kam mir der Gedanke, daß ich an diesem Tag mit dreißig Bläsern auftreten könnte.

So kaufte ich also in allen möglichen Trödlerläden alte Instrumente, polierte sie kräftig und bog sie zurecht, so daß sie einigermaßen gut aussahen und wir schließlich tatsächlich dreißig funktionsfähige Instrumente hatten. Bläser waren es allerdings zu der Zeit nur fünfzehn. So nahm ich also diese fünfzehn Bläser, die bereits spielen konnten, und stellte ihnen fünfzehn andere Jugendliche zur Seite, die vom Blasen keine Ahnung hatten. Mit ihnen lernte ich nur die Griffe und Mundstellungen und schärfte ihnen ein, daß sie keinem Menschen sagen dürften, daß sie überhaupt nicht blasen konnten.

Es kam der Morgen des Festgottesdienstes. In Reih und Glied hatte ich sie aufgestellt; jeweils abwechselnd Bläser und Nichtbläser. Wir spielten hervorragend, und keiner merkte, daß es ja nur fünfzehn eigentliche Bläser waren. Im Gegenteil, am Schluß des Gottesdienstes stand Karl Fix begeistert auf und dankte für die dreißig Bläser. Einige andere Gemeindemitglieder schlossen sich im Gebet spontan an und dankten Gott ebenfalls für diese dreißig Bläser. Später verriet ich meinem Missionsleiter, wie die ganze Sache gelaufen war, und wir haben von ganzem Herzen darüber gelacht. Den fünfzehn »Nichtbläsern« gefiel dieses Erlebnis jedoch so gut, daß sie sich alle entschlossen, beim Bläserchor zu bleiben, so daß wir in kurzer Zeit tatsächlich dreißig Bläser waren.

So blieb ich also bis Ende 1964 in Berlin und erlebte in dieser Zeit viel Segen. Nach dem Mauerbau ging ich immer wieder heimlich in den Osten, obwohl ich als Westberliner auf der sogenannten »schwarzen Liste« stand. Durch klare Anweisungen, die ich in Träumen erhielt, wußte ich genau, an welchem Grenzübergang ich zu welcher Zeit sein sollte.

Ein Gelähmter wird geheilt

Eine andere Erfahrung aus meiner Zeit in Berlin werde ich wohl ebenfalls nie mehr vergessen. Es war an einem Donnerstagabend, als ich gebeten wurde, doch nach der Bibelstunde einen Mann zu besuchen, der völlig gelähmt war. Zwar hatte ich schon öfters Krankenbesuche gemacht, aber dieses Mal hatte die Sache einen gewaltigen Haken. Man hatte mir nämlich erzählt, daß dieser Mann gesagt hätte, Gott habe ihm gezeigt, daß er durch mein Gebet geheilt werden würde.

Diese Aussage brachte mich nun doch gewaltig ins Schwitzen. Schnell überlegte ich mir, was ich tun könnte. Dann kam mir der Gedanke, den Chorleiter und einen der Ältesten mitzunehmen. Ich dachte mir: »Die sollen mitbeten. Wenn der Mann geheilt wird, ist es gut, wenn nicht, bin ich nicht allein der Blamierte.«

Gesagt, getan. Wir gingen miteinander zu dem Kranken und sprachen mit ihm. Als es an das Gebet ging, forderte ich zuerst den Ältesten und dann den Chorleiter zum Beten auf. Nichts geschah. Nun war ich an der Reihe. Da ihm klar war, er würde durch mein Gebet geheilt, hatte sich der

Mann so stark auf mich konzentriert, daß ich von seinem Glauben wirklich beschämt wurde. Ich legte meine Hand in seine lahme Hand und fing an zu beten. Plötzlich packte er mich so fest, daß meine Hand schmerzte. Er, der nicht mehr greifen, geschweige denn mit seinen Händen zupacken konnte, hatte wieder Kraft in seinen Händen und Armen. Ich betete weiter, und am Ende meines Gebets war er bis zur Gürtellinie geheilt. Nun begann er zu danken, und wir stimmten alle in diesen Dank ein. Mein Glaube wurde dadurch gestärkt, und ich bekam die Gewißheit, daß er vollkommen geheilt werden würde. Ich sagte zu ihm: »Der Herr wird dich bis morgen vollkommen gesund machen, und du rufst mich dann an und erzählst mir davon.« Voller Freude und Dankbarkeit verabschiedeten wir uns voneinander.

Früh am anderen Morgen klingelte bei mir das Telefon. Er war am Apparat und erzählte mir, daß er in einer Telefonzelle stehe, um mir sofort das Wunder seiner völligen Genesung mitzuteilen. Er sei vollkommen gesund!

Trotz all dieser göttlichen Segnungen und Erfahrungen kam es immer wieder zu großen Spannungen, die durch mein Fehlverhalten und durch Mißverständnisse ausgelöst wurden. So wurde mir klar, daß ich die Arbeit in Berlin verlassen sollte und Gott mich weiter formen wollte. Bei all meinen Fehlern und manchen Mißverständnissen erlebte ich in meiner Berliner Zeit doch viele menschliche Enttäuschungen und machte negative Erfahrungen mit anderen Christen, die ich nur sehr schwer einordnen, geschweige denn verstehen konnte. Viele Fragen blieben für mich offen, was meinen Berliner Auftrag sowie die Umstände, wie Gott mich von dort wegführte, betraf. Nur in der Bibelstelle in Römer 8, 28, in der es heißt, daß denen, die Gott lieben, alle Dinge zum Besten dienen müssen, fand ich Trost und die Gewißheit, daß Gott alles richtig machen wird. Aus dieser Sicht konnte ich es dann auch akzeptieren, daß ich für ein ganzes Jahr aus der aktiven Arbeit im Reich Gottes herausgenommen wurde und in dieser Zeit auf dem landwirtschaftlichen Anwesen meiner Schwiegereltern in Stuttgart-Stammheim arbeitete.

Zwischen Rückschlägen und Hoffnungen

Auf Gottes Warteliste gesetzt, ging es mir wohl ähnlich wie Mose, der aufgrund seiner übereilten Handlung in Ägypten von Gott vierzig Jahre in die Wüste geschickt wurde, um für seinen weiteren Dienst zubereitet zu werden. Nach diesem Jahr begann ich wieder mit verschiedenen Gemeindediensten im süddeutschen Raum und kam unter anderem aufgrund einer Urlaubsvertretung für Bruder Glaz auch in den Schwarzwald. Nachdem ich ihn zweimal in seinem Urlaub vertreten hatte, verstarb er. Nun baten mich die Geschwister in dem kleinen Schwarzwaldort Beihingen bei Nagold um einen regelmäßigen Predigtdienst. Es war eine kleine Gruppe von Menschen, die viel beteten und deshalb eine der Keimzellen des späteren Auftrags wurden. So war ich zunächst alle vier Wochen, später alle vierzehn Tage und schließlich jeden Sonntag im Schwarzwald und betreute dort die Beihinger Gruppe und deren Außenstation in Egenhausen. Neben der kleinen Gemeindearbeit, die inzwischen entstanden war, gründete ich, wie in Berlin, Chöre und eine Jugendgruppe.

Der Aufbau eines Zentrums für Jugendliche, im dem diese Nestwärme und Hilfe finden sollten, lag mir über all die Jahre besonders am Herzen. Was ich Gott bei meinem »Hügelerlebnis« mit acht Jahren versprochen hatte, vergaß ich nie mehr und wußte trotz meiner Unzulänglichkeit um diesen Auftrag.

Der erste vergebliche Anlauf

In den Jahren 1968-69 hatte ich dann den Eindruck, daß es nun Zeit wäre, mit dem Vorhaben des Jugendzentrums zu beginnen. Da ich diese Sache nicht allein angehen wollte, bat ich verschiedene Brüder, mit denen ich Kontakt hatte, mir dabei zu helfen. Wir fingen an, für das Projekt Geld zu sammeln und kauften dann einen günstigen Bauplatz. Selbst die Pläne für das Zentrum waren bereits fix und fertig erstellt. Dann gab es jedoch so viele Schwierigkeiten, daß wir uns nicht einigen konnten und das Ganze platzte. Somit mußte eine Vision sterben, weil allzuviel Menschliches im Spiel war und nicht allein Gott die Ehre gegeben wurde. Ich mußte deshalb warten, bis Gott diese Vision wieder auferstehen lassen würde.

Dadurch mußte ich eine wichtige Lektion lernen, die damals zwar schwer verständlich war, mir aber später von vielen Gottesmännern bestätigt wurde. Jesus sagte: »Wenn das Weizenkorn nicht in die Erde fällt und erstirbt, so bleibt's allein; wenn es aber erstirbt, so bringt es viel Frucht (Johannes 12, 24).

Auch unsere Visionen müssen manchmal sterben, damit wir nichts unserem Können zuschreiben und nicht stolz werden. Wenn dann diese Vision aus dem Nichts wiederaufersteht, erkennen wir, daß allein die Gnade Gottes dies bewirken konnte. Mit wieviel menschlichem Ergeiz und dem Wunsch nach Anerkennung tun wir oft unsere Arbeit im Reich Gottes. So kann Gott oft nur durch den Tod einer Sache die Prioritäten richtigstellen und uns dadurch helfen, das Erreichte nicht als unseren Erfolg anzusehen.

Jetzt hatte ich den Eindruck, Gott will, daß ich aus dem Schwarzwald weggehe, und blieb daher ein ganzes Jahr in Stuttgart und arbeitete wieder in der Landwirtschaft. Ich hatte wohl meine Zubereitungslektion für den zukünftigen Auftrag noch immer nicht gelernt. Meine Frau Doris und mein Schwiegervater waren für mich in dieser Zeit zwei starke Stützen. Sie verstanden es, durch ihre Ausgewogenheit und Geduld in mir meinen Auftrag für die Reichgottesarbeit am Leben zu erhalten. In mir wuchs die Gewißheit, daß man durch den Glauben alles erreichen kann, wenn man die Voraussetzungen dafür geschaffen hat. Geduldig sein und in Treue weitermachen, das ist der Weg, die große Ernte Gottes einzuholen (Jakobus 5, 7-11). Dieses Weitermachen war jedoch nicht einfach, und manchmal wurde unser Glaube hart erprobt.

Hilfe in großer Not

Eine besondere Erfahrung aus dieser Zeit werden meine Frau und ich nie mehr vergessen. Sie war krank, und der Arzt verschrieb ihr verschiedene Schmerzmittel. Doch die Ursache ihrer Krankheit wurde nie richtig festgestellt. Eines Morgens, als ich mit ihr zusammen betete und wir unsere gemeinsame Andacht hatten, bekam ich die Gewißheit, daß Gott meine Frau und einen anderen Bruder, für den wir ebenfalls beteten, heilen würde. Trotzdem zeigte sich bei Doris keine Besserung, sondern es sah aus, als ob es immer schlimmer mit ihr würde. Den ganzen Tag über änderte sich nichts an ihrem Zustand. Nachts stand sie auf und ging zur Toilette. Da sie sehr schwach war, begleitete ich sie. Plötzlich sackte sie zusammen und fiel zu Boden. Ich hob sie auf und merkte, daß sie ganz steif war. Ihre Augen waren verdreht, ihr Körper eiskalt. Starr vor Schreck wußte ich nicht mehr, was ich tun sollte. Wie ein Blitz fuhr es durch meine Gedanken: »Jetzt muß Doris sterben.« Ich war viel zu geschockt, um bewußt zu beten. Ich merkte, daß ich angefangen hatte, in anderen Sprachen zu beten. Es war wie eine unbewußte Reaktion auf diese Umstände. Während ich weiterbetete, trug ich Doris in ihr Bett. Eine ganze Zeitlang betete ich so, ohne einen klaren Gedanken fassen zu können.

Plötzlich sagte sie: »Jesus ist Sieger!« Das Merkwürdige war, daß ich während des Sprechens keinerlei Lippenbewegung bei ihr wahrnehmen konnte. Erst beim zweiten Satz sprach sie selbst klar und deutlich: »Hermann, ich komme wieder zurück.« Nun holte ich schnell ihre Eltern, die im gleichen Haus wohnten, und verständigte den Arzt. Der wies sie sofort ins Krankenhaus ein, wo man feststellte, daß es sich um eine geplatzte Eileiterschwangerschaft handelte. Der behandelnde Arzt sagte mir, daß sich viel Blut im Bauchraum gesammelt habe, und ein massiver Blutmangelschock vorläge. Auch ihre Gehirnzellen seien längere Zeit nicht richtig durchblutet gewesen, und ich müßte damit rechnen, daß meine Frau dadurch einen bleibenden Schaden davontrüge. Doch bereits vierzehn Tage nach diesem Vorfall durfte Doris das Krankenhaus wieder verlassen und fühlte sich, als ob nie etwas gewesen wäre. So hatte mir Gott meine Frau wiedergeschenkt. Auch unsere beiden Kinder, Ursula und Gabi, die wir 1964 und 1966 bekommen hatten, waren mir in diesem Jahr eine große Freude und halfen mir über viel Negatives hinweg.

In diesem Jahr, es war von Weihnachten 1970 bis Weihnachten 1971, führte Gott Gertrud Rothacker zu uns. Sie hatte in einer Gemeinde Erfahrungen mit den geistlichen Gaben gemacht und kam mit vielen Fragen, die dadurch ausgelöst worden waren. In ihrem hauptamtlichen Dienst als Kinderevangelistin kam sie immer wieder an ihre Grenzen und brauchte Rat und Hilfe. Wir hatten in diesem Jahr in Stammheim viel Zeit, miteinander zu beten, da ich nicht in der Gemeindearbeit stand. Dadurch schenkte uns Gott eine ganz neue Strategie, wie die Reichgottesarbeit in der Zukunft aussehen sollte. Hier wurde das Fundament für die kommenden Jahre gelegt. Gertrud Rothacker wurde meine erste hauptamtliche Mitarbeiterin, durch die weitere Mitarbeiter und Dienste hinzukommen sollten. Gott legte es ihr aufs Herz, mit noch zwei anderen Frauen einen Gebetskreis zu beginnen. So war auch diese Zeit in Stammheim trotz der menschlichen Enttäuschung nicht unnütz, sondern hatte in Gottes Plan eine ganz bestimmte Funktion.

Veränderte Prioritäten

Einige der Lektionen, die ich in dieser Zeit in der Landwirtschaft lernen durfte, waren später für meinen Dienst im Reich Gottes von großer Bedeutung. Gerade durch das Vorbild meines Schwiegervaters, dessen Temperament dem meinen so entgegengesetzt war und dem mein cholerisches Wesen bestimmt oft Schwierigkeiten machte, lernte ich den praktischen Dienst am Nächsten. Während für mich oft die anstehenden Arbeiten Priorität hatten, waren bei ihm die Menschen grundsätzlich das Wichtigste. Wenn jemand kam, der seine Hilfe brauchte, ließ er alles stehen und liegen, war nur noch für diesen Menschen da und opferte ihm seine Zeit, Kraft und vieles andere mehr.

Einmal, als wir mitten in der Getreideernte waren und sahen, daß sich am Himmel dunkle Wolken zusammenzogen, entschloß ich mich, wie es sich für einen guten Bauer gehört, schnell noch so viel Getreide wie möglich in Sicherheit zu bringen. Ich saß auf dem Traktor, neben mir mein Schwiegervater, und wollte gerade eilig zum Hof hinaus aufs Feld fahren, als eine alte Frau angelaufen kam und uns winkte. Mein Schwiegervater befahl mir anzuhalten und fing vom Traktor aus mit dieser Frau ein Gespräch an. Um zu zeigen, wie eilig ich es hatte, stellte ich den Motor nicht ab, sondern gab immer wieder kräftig Gas, so daß die Maschine laut aufheulte. Da schob mein Schwiegervater, ohne ein Wort zu sagen, seinen Fuß unter das Gaspedal, so daß ich kein Gas mehr geben konnte, und setzte sein Gespräch in aller Ruhe fort. Weder das Gewitter, das sich nun deutlich am Himmel abzeichnete, noch das Verärgertsein seines Schwiegersohns konnten ihn zur Eile bewegen. Erst als er den Eindruck hatte, daß der Frau nun wirklich geholfen war, verabschiedete er sich freundlich und nahm seinen Fuß unter dem Gaspedal weg.

Entrüstet, weil nun mein ganzer Arbeitsplan durcheinandergekommen war, fuhr ich mit hohem Tempo zum Getreidefeld. Als wir unseren Garbenwagen halb voll geladen hatten, brach das Gewitter los, und es goß in Strömen. Mit einem halben Wagen durchnäßter Garben kamen wir klatschnaß nach Hause. Es war klar, daß wir nun all diese Garben zum Trocknen auslegen mußten, bevor wir sie später im Hof dreschen konnten. Somit hatten wir also die doppelte Arbeit. Als wir trockene Kleider angezogen hatten und am Tisch saßen, platzte mir der Kragen, und ich machte meinem Schwiegervater heftige Vorwürfe, daß unsere Garben nun doch naß geworden waren und wir sie nicht rechtzeitig heimbringen konnten. Und alles nur wegen seinem Gespräch. Da sah er mich ganz ruhig an und meinte: »Oh Hermann, der, der es naß werden ließ, wird es auch wieder trocknen lassen.«

In vielen solcher Erfahrungen lernte ich, mich selbst nicht so wichtig zu nehmen, sondern den anderen zu akzeptieren und mich ihm unterzuordnen, auch wenn sein Arbeitsstil anders war. Dies half mir später, mit vielen Mitarbeitern der unterschiedlichsten Temperamente, Charaktere und Prägungen zusammenzuarbeiten und von ihnen allen zu lernen.

Aufgrund meines cholerischen Wesens arbeitete ich in der Regel hektischer als mein Schwiegervater. Daß er durch seine ruhige, ausdauernde Arbeitsweise oft viel entspannter das Ziel erreichte, war ebenfalls eine wichtige Erfahrung für mich.

Innerhalb dieser Zeit lernte ich ganz natürliches Christentum. Da ich von der aktiven Arbeit im Reich Gottes plötzlich auf den Bauernhof verbannt war, stellte sich mir die Frage nach dem Wert meiner jetzigen Arbeit. Im Ge-

gensatz zu meiner geistlichen Tätigkeit hatte ich es jetzt plötzlich mit weltlichen, »unwichtigen« Dingen zu tun. Dies löste in meinem Leben eine Krise aus, die dadurch noch verschlimmert wurde, daß jemand zu mir sagte: »Wenn du erst einmal längere Zeit aus der aktiven Reichgottesarbeit heraus bist, wirst du nie wieder richtig hineinkommen.« Da stellte ich mir die Frage: Ist Reichgottesarbeit nur geistliche Tätigkeit in einer Gemeinde? Umfaßt sie nicht unser ganzes Leben mit all seinen Bereichen? Ich lernte, dies ganzheitlich zu verstehen, und konnte deshalb später genauso freudig und begeistert in der Landwirtschaft und auf dem Bau wie auf der Kanzel und in der Seelsorge stehen. Alles ist für mich Arbeit für das Reich Gottes. Die Hauptsache ist, daß ich weiß, Gott hat mich an den jeweiligen Platz gestellt.

Hilfe im Stall und in der Garage

Gerade in diesem Jahr in Stammheim durfte ich die Wunder Gottes im ganz normalen Alltag erleben. Eine dieser vielen Erfahrungen soll erwähnt werden, weil sie im Leben eines anderen Menschen eine interessante Fortsetzung fand. Es begann damit, daß wir feststellten, daß eines unserer Kälber erkrankt war. Über längere Zeit beobachteten wir das Tier und wußten nicht, ob es durchkommen würde.

Mein Schwiegervater forderte mich auf, mit einem Messer bei diesem Tier zu bleiben und es zu beobachten. Sollte eine weitere Verschlechterung eintreten, müßte ich es schnell abstechen, damit man wenigsten das Fleisch noch verwenden könnte. So saß ich im Stall und beobachtete mit dem Messer in der Hand die weitere Entwicklung. Es sah wirklich so aus, als ob dieses Kalb verenden müßte. Plötzlich kam mir der Gedanke: »Was soll ich das Kalb beobachten, um es dann abzuschlachten? Man könnte doch auch mit diesem Tier beten, daß es gesund wird.« Kurzentschlossen legte ich dem Tier die Hände auf und betete um Heilung. Das Wunder geschah, und wider Erwarten war unser Kalb nach kurzer Zeit gesund.

Einige Tage später erzählte ich dieses Erlebnis einem jungen Strafgefangenen in Stuttgart-Stammheim. Er hatte sich für Jesus Christus entschieden und hörte sich die Geschichte aufmerksam an. Dann fragte er mich, ob man tatsächlich für alles beten könne, zum Beispiel auch, wenn ein Auto nicht laufen wollte. Als ich dies bejahte, war er voller Freude. Was ich zu dieser Zeit nicht wußte war, daß diese Frage einen ganz realen Hintergrund hatte. Er arbeitete nämlich als Kfz-Mechaniker in der Werkstatt des Gefängnisses. Dort stand ein defekter LKW, der einfach nicht anspringen wollte. Er selbst, sein Meister und andere Kollegen hatten alles versucht, um dieses Fahrzeug zu reparieren, jedoch ohne Erfolg. Aufgrund der von mir gehörten Geschichte bat er nun alle, zu diesem LKW zu kommen, und sagte ihnen, daß er beten würde, um den Fehler zu finden. Alle kamen und warteten, was geschehen würde. Der junge Mann legte seine Hände auf den Wagen und betete. Schlagartig wußte er, wo der Fehler lag und wie man ihn beheben könne. Es war nur ein kleiner Defekt an einem Kabel, den trotz intensiver Suche bisher niemand entdeckt hatte. Blitzschnell kroch er unter den Wagen und brachte das Kabel in Ordnung. Ebenso schnell sprang er in das Führerhaus und startete den Wagen, der sofort ansprang. Bevor die um den LKW stehenden Personen richtig verstanden, was sich da abspielte, lief der Wagen problemlos. Für diesen jungen Mann war das eine wichtige Erfahrung, und auch ich freute mich von Herzen, als er mir später davon erzählte. Unser Gott ist eben ein Gott für jede Lebenssituation, auch für den Stall und die Garage. So war diese Zeit in Stammheim für mich in vieler Hinsicht sehr lehrreich.

Der indische Prophet

Als ich Weihnachten 1970 vom Schwarzwald wegging, wußte ich innerlich, daß es für ein Jahr sein würde. So sagte ich es damals auch schon einigen Bekannten und Mitarbeitern. Genauso, wie Gott es mir klargemacht hatte, kam es dann auch. Nach exakt einem Jahr war ich wieder im Schwarzwald und nahm die Gemeindearbeit in Egenhausen erneut auf. Obwohl ich um den Auftrag zum Bau eines Jugendzentrums wußte, hatte ich so viele Enttäuschungen und Frustrationen erlebt, daß ich einfach nicht mehr bereit war, irgendeinen Schritt in diese Richtung zu unternehmen. Da benutzte Gott wieder einmal ein ganz besonderes Erlebnis, um mir klarzumachen, was ich zu tun hatte.

Es war im Januar 1973. Durch verschiedene Kontakte wurden wir auf einen indischen Evangelisten mit prophetischer Gabe aufmerksam gemacht, der gerne zum Predigen zu uns in die Gemeinde kommen wollte. Er hatte bereits verschiedene Gemeinden in der Bundesrepublik besucht und war nun über Stuttgart und Reutlingen bei uns in Egenhausen im Sonntagabendgottesdienst gelandet. An diesem Abend erzählte er unter anderem von seiner Missionsarbeit in Indien und schilderte, wie er seine Frau bekommen hatte. Da in Indien normalerweise der Vater dem Sohn die Frau aussucht, bat er Gott, ihm eine Frau zu schenken, die seinen Vorstellungen entspräche. Als er sich bekehrte, wurde er von seiner Familie ausgestoßen, und so blieb ihm nichts anderes übrig, als seinen himmlischen Vater um diese Frau zu bitten. Er schrieb also die Eigenschaften dieser Frau genau auf, ihr Aussehen, ihre Haarfarbe usw., legte Gott diesen Zettel vor und bat ihn, ihm doch solch eine Frau zu schenken. Laut seinem Bericht hat er dann genau die Frau bekommen, die seinen Vorstellungen entsprach. An diesem Abend erzählte er das voller Freude.

Der Übersetzer dieser Predigt, der selbst Junggeselle war und diese Art, eine Frau zu finden, nicht nachvollziehen konnte, fing plötzlich an, Kommentare zu dieser Sache zu geben. Er meinte, so einfach ginge es doch nun wirklich nicht, und war nicht mehr bereit, weiter zu übersetzen. Der indische Evangelist merkte, daß etwas nicht stimmte, und fing nun an, vor der ganzen Versammlung mit dem Übersetzer zu diskutieren. Dadurch waren wir gezwungen, den Gottesdienst schnell zum Abschluß zu bringen, da es nicht mehr möglich war, die Harmonie zwischen Prediger und Übersetzer wiederherzustellen.

So ging dieser Abend zu Ende, und niemand von uns wußte, was Gott eigentlich mit dem Besuch dieses Mannes vorhatte. Der Gast übernachtete bei Emil Hauser, einem Gemeindeältesten, bei dem ich zu dieser Zeit ebenfalls untergebracht war.

Am anderen Morgen frühstückten wir alle zusammen, und ich merkte, daß der Inder mir irgend etwas sagen wollte. Mit vielen Gesten versuchte er, sich verständlich zu machen. Da ich jedoch kein Englisch konnte und er kein Deutsch, konnten wir nur miteinander beten, jeder in seiner Sprache. Doch immer wieder versuchte er mir etwas zu sagen, und so kam mir der Gedanke, doch nach einem Übersetzer zu suchen. Schnell ging ich ans Telefon und rief einen Bruder aus der Gemeinde an, dessen Tochter Englisch sprach. Ich bat ihn, sie zum Übersetzen herzuschicken. Einige Zeit später klingelte es, und die Übersetzerin war da. Kaum daß der Inder dieses Mädchen entdeckt hatte, wandte er sich von mir ab und fing mit ihr ein Gespräch an. Als erstes sagte er ihr: »Sage deinem Pastor, er ist ein Mann voller Angst und Furcht!« Das war nun doch ein starkes Stück, und wenn man mich näher kannte, wie die Übersetzerin, war es gar nicht so einfach, mir so etwas zu sagen. Zuerst wollte sie es mir auch nicht übersetzen, doch dann wiederholte er noch einmal: »Sage deinem Pastor, er ist ein Mann voller Angst und Furcht.« Meine Gegenfrage war: »Warum?« Darauf meinte er, ich sollte schweigen und hören, denn er hätte mir etwas Bestimmtes zu sagen. Gott habe in meinem Leben schon zweimal zu mir gesprochen, und ich hätte zwei Visionen, die ich genau kennen würde. Aber aus Angst vor meinen Mitbrüdern würde ich davor zurückschrecken. Dann erzählte er mir alle Einzelheiten meiner Vergangenheit und Gegenwart. Mit starken Handbewegungen, einer temperamentvollen Gestik sowie einer befehlenden Stimme schrie er einige Male: »Geh — geh — geh! Dies ist Gottes letzte Aufforderung zu gehen. Wenn du nicht gehst, nimmt Gott den Auftrag von dir und gibt ihn einem anderen.« Ich erkannte die Wichtigkeit dieser Aussage und wußte, daß ich jetzt nicht mehr ausweichen konnte. Ich wurde an das Wort aus Hiob 33, 29-30 erinnert: »Siehe, das alles tut Gott zwei- oder dreimal mit einem jeden.« Dennoch fragte ich trotz diesem direkten Reden Gottes: »Warum soll eigentlich gerade ich gehen?« Daraufhin antwortete der Inder: »Warum fragst du und zögerst? Geh, geh voran! Gott hat dir einen Auftrag gegeben. Dieser Auftrag ist von Gott, und du sollst ihn unverzüglich ausführen. Fang mit diesem Auftrag an, tu den ersten Schritt, und Gott wird dir jeweils die erforderlichen Mitarbeiter zuführen.

Weiter sagte er, daß Gott ihm bereits in New York einen Mann in Deutschland gezeigt habe, der einen Auftrag hat, aber nicht gewillt ist, diesen Auftrag auszuführen. Ihm sollte er unmißverständlich sagen, daß es an der Zeit wäre zu gehen. Als er dann in Egenhausen auf der Kanzel stand und mich unten sitzen sah, wußte er: Das ist der Mann, dem ich diese Botschaft auszurichten habe. Im weiteren Verlauf dieses Gesprächs bestätigte er, was ich schon lange in meinem Herzen hatte. Es sollte ein Jugendzentrum entstehen, und in Altensteig würde das Ganze beginnen.

Mitten im Gespräch stockte die Übersetzerin plötzlich. Eine ganze Zeit lang konnte sie nicht mehr weiterreden. Mit Tränen in den Augen sagte sie mir, sie müsse sich jetzt zuerst bei mir entschuldigen. Eben habe der Bruder gesagt, daß man für diesen Auftrag die Mitarbeiter nicht wählen sollte, sondern daß Gott sie setzen und jeden einzelnen, den er erwählt habe, herzubringen würde. Kurz zuvor war in der Jugendgruppe eine Diskussion über die Frage aufgekommen, ob man Mitarbeiter demokratisch wählen sollte oder ob Gott sie setzen würde. Die Übersetzerin, die selbst für das demokratische Prinzip war, erkannte nun, daß Gott einen anderen Weg hat.

Ein Paar neue Schuhe oder Evangelisation?

Nachdem der Inder diese Vision über die Zukunft ausgesprochen hatte, wollte er gleich losgehen, um sofort in Altensteig eine Erweckung einzuleiten. Ich sagte ihm, daß er doch nicht deutsch predigen könnte. Er aber meinte, wenn der Heilige Geist wirken würde, wäre die Sprache egal, und war nicht zurückzuhalten. So sind wir nach Altensteig gefahren, das etwa drei Kilometer von unserem Ausgangsort entfernt liegt, und er wollte sich auf die Straße stellen, um zu evangelisieren. Obwohl ich um den Auftrag zur Evangelisation wußte, merkte ich doch, daß es so nicht gehen konnte, und dachte mir: »Was für eine Blamage. Was werden die Menschen denken, wenn jetzt dieser Mann und ich mitten in Altensteig stehen und er anfängt, eine Straßenpredigt zu halten?«

Es war mir klar, daß die Zeit noch nicht reif war, um in Altensteig öffentlich so aufzutreten, und daß die besondere Mentalität der Schwarzwälder eine ganz andere Strategie erfordert, um ihnen das Evangelium nahezubringen. Dies war natürlich in der Kürze der Zeit dem Inder nicht klarzumachen. Deshalb blieb mir nichts anderes übrig, als Gott zu bitten, mir zu helfen, ohne daß der Evangelist, der mir soviel gegeben hatte, verärgert wäre, weil er meine Haltung nicht verstehen konnte. Plötzlich fielen meine Augen auf die Schuhe des indischen Bruders, und ich sah, daß er sehr alte, abgetretene Schuhe trug. Wir standen direkt vor einem Schuhgeschäft, und ich erklärte ihm, daß wir nun in das Geschäft gehen würden und er sich dort auf meine Kosten neue Schuhe kaufen dürfte. Er war so glücklich darüber und suchte sich voller Freude in diesem Laden ein Paar schöne Schuhe aus. Begeistert sah er sie immer wieder an und dachte nicht mehr an das Evangelisieren in den Straßen von Altensteig.

Überschwenglich bedankte er sich und bat, daß man ihn doch mit dem Auto wieder nach Hause zurückfahren möge. Frohen Herzens setzten wir uns wieder in den Wagen, und ich fuhr erleichtert und dankbar nach Egenhausen zurück. Von dort trat der Inder dann seine Weiterreise an. Damals erkannte ich eine wichtige Wahrheit, die mir auch später immer wieder von großem Nutzen war. Zwar hatte Gott einen Auftrag gegeben, und alles das, was der Prophet vorausgesagt hatte, war richtig, aber der Zeitpunkt und die Art und Weise, wie er diesen Auftrag ausführen wollte, war zwar gut gemeint, aber von Gott nicht so geplant. Da erkannte ich, daß es wichtig ist, zunächst die Voraussetzungen für Gottes Wirken zu schaffen, dann aber zu warten, bis von Gott her der rechte Zeitpunkt zum Handeln gekommen ist. Es war für mich eine große Ermutigung, daß Gott durch diese Schau eines Menschen, den ich nie zuvor in meinem Leben gesehen hatte, meinen Auftrag bestätigte. Obwohl ich nicht genau wußte, wie alles geschehen würde, erkannte ich doch, daß der Herr mit mir war.

Bald nach dieser Begegnung mit dem indischen Propheten kam ich bei einem Hausbesuch zu einem Bruder nach

Altensteig. Als ich in die Wohnung trat, las er gerade den Immobilienteil der Zeitung und fragte mich ganz spontan: »Hermann, kannst du nicht ein Haus gebrauchen?« Er wußte nichts von der Begegnung mit dem indischen Evangelisten und war sich der Tragweite seiner Aussage bestimmt nicht bewußt. Mir kam plötzlich die Gewißheit: »Das ist es! Du mußt dich nach einem Haus umschauen, das du kaufen kannst.« So fingen wir an, in kleinem Kreis für ein Haus zu beten, um darin ein Jugendzentrum einzurichten. Mehrere Häuser wurden uns daraufhin angeboten, und jedesmal beteten wir, ob der Herr uns dieses Haus geben wollte. In einem Bild zeigte uns Gott damals einen Parkplatz mit dem Schild »reserviert«, und wir erkannten, daß Gott etwas ganz Konkretes für uns vorgesehen hatte. Immer wieder wurde in unseren Gebetszeiten dieses Bild bestätigt, und es wurde uns sehr wichtig, das Haus zu erkennen, das Gott uns geben wollte. Mehrere Häuser waren im Gespräch, doch immer wieder wurde uns klar, daß das richtige nicht dabei war.

Gedenke der kleinen Anfänge

Bevor wir gleich sehen werden, wie der Herr in seiner Treue uns dann doch zum richtigen Haus führte, möchten wir zurückschauen auf die kleinen, oft stümperhaften Anfänge der Arbeit. Das finde ich wichtig, denn nur wer diese Anfangszeit versteht, kann sich an der Entwicklung richtig freuen, die wir über die Jahre hinweg erleben durften. Außerdem bewahrt uns die Erinnerung an die Anfangszeit auch vor Stolz, denn wir sehen dann wieder ganz neu, daß es Gottes Gnade war, die uns das Wachstum schenkte.

Wie bereits erwähnt, fing ich auch im Schwarzwald nicht direkt mit der Jungend-, sondern mit der Chorarbeit an. Schon bevor ich für ein Jahr aus der Arbeit weg war, hatte ich einen Bläserchor gegründet, d.h. man konnte eigentlich gar nicht von einem Chor sprechen. Im Glauben sah ich zwar schon einen großen Chor entstehen, aber in Wirklichkeit begann es mit einem einzigen Bläser. Er hatte schon vor längerer Zeit das Trompetenspielen gelernt, und ich motivierte ihn, nun andere Jugendliche aus unserer kleinen Gemeindearbeit ebenfalls auszubilden und mit ihnen einen Bläserchor anzufangen. Nach und nach entdeckten wir miteinander acht Jugendliche, die bereit waren, ein Blasinstrument zu lernen. Doch bevor man lernen kann, braucht man erst einmal ein Instrument, und so standen wir vor der ersten Hürde. Daher suchten wir in unserem Bekannten- und Freundeskreis nach alten Blasinstrumenten, die dann den einzelnen angehenden Bläsern zur Verfügung gestellt wurden. Manche dieser Instrumente waren so alt und verbeult, daß man trotz aller Anstrengung aus ihnen nur sehr schwer den richtigen Ton herausbekam. Oft war es dann schwierig zu entscheiden, ob der falsche Ton im Zustand des Instruments oder beim Bläser zu suchen war. Wie dem auch sei, auf jeden Fall war unser Bläserchor ins Leben ge-

rufen und begann mit diesen acht Jugendlichen seine hoffnungsvolle Zukunft in einer Holzschnitzerwerkstatt in
Egenhausen.

Blase, bis ich sage, daß du aufhören sollst

Als so die ersten Übungsstunden vorüber und die anfängliche Begeisterung verflogen war, standen wir plötzlich vor
großen Problemen. Der Dirigent des Chores, den ich gebeten hatte, die anderen auszubilden, stieß auf Widerstand
und kam in große Konflikte. Einigen paßte das ausge-
wählte Liedgut nicht, andere wollten sich seiner Führung
nicht unterordnen. Die Lage spitzte sich mehr und mehr zu,
bis es eines Tages in einem Gartenhaus, in das die Übungsstunden verlegt worden waren, zum großen Knall kam. Einer der Bläser legte demonstrativ sein Instrument zur Seite
und sagte: »Ich werde nicht mehr blasen.«
   Der Dirigent wußte nicht mehr weiter und wollte sofort
sein Amt niederlegen. In seiner Verzweiflung ließ er die
ganze Gruppe stehen und holte mich dazu. Als er mir von
dieser Entwicklung erzählte, fing ich an, innerlich zu Gott
zu schreien. Es war mir ganz klar, daß meine jetzige Reaktion für die weitere Entwicklung dieses Chors von ganz ent-
scheidender Bedeutung sein würde. Jetzt mußte es sich entscheiden, ob Gott sich zu dieser Arbeit stellen oder alles
auseinanderbrechen würde. Damit wäre das Ende der
Chorarbeit gekommen, bevor sie noch richtig begonnen
hatte.
   Mit diesem großen inneren Kampf betrat ich das besagte
Gartenhaus. Da standen sie, unsere hoffnungsvollen An-
fänger des Bläserchors, und schauten mich an. Einzelne
fragend und wohl auch etwas schockiert, andere trotzig
und selbstsicher. Kerzengerade ging ich auf denjenigen zu,
von dem ich wußte, daß er sein Instrument als erster weg-

gelegt hatte. Ich sah ihm scharf in die Augen und sagte: »Nimm sofort dein Instrument und blase, bis ich sage, daß du aufhören sollst.«

Obwohl es mir innerlich mehr zum Zittern als zum festen Auftreten zumute war, gab Gott meinen Worten so eine starke Autorität, daß er wortlos sein Instrument ansetzte und zu spielen begann. Er spielte und spielte, nahezu eine halbe Stunde, und wagte nicht, aufzuhören oder gar das Instrument wegzulegen. Der Schweiß rann ihm von der Stirn. Die anderen Bläser standen da, und keiner traute sich auch nur ein Wort zu sagen. Obwohl er mir leid tat, wußte ich, daß ich festbleiben mußte und jetzt nicht nachgeben durfte, wenn ich das, was aufgebaut werden sollte, nicht gefährden wollte.

Diese Lektion haben dann auch alle anderen Bläser nie mehr vergessen, und ich kann mich erinnern, wie ich durch Zufall einmal die Unterhaltung zweier Jugendlicher mitbekam, in der einer von ihnen sich über verschiedene Dinge beschwerte und der andere dann sagte: »Sei bloß ruhig, sonst mußt du auch noch eine halbe Stunde blasen, ohne aufzuhören!« Da es nicht so einfach war, in dieser Anfangszeit die junge Mannschaft zu führen, sah ich mich bald gezwungen, den Bläserchor selbst zu übernehmen und den Dirigenten dadurch zu entlasten. Daß ich allerdings bis dahin selbst kein Instrument gut beherrschte und meinen Schülern im Lernen immer nur vier Wochen voraus war, bekamen die meisten von ihnen erst viel später mit. Doch trotz dieser mangelhaften Anfänge ließ es uns Gott gelingen, und es entstand ein recht dynamischer Bläserchor. Es war schon damals meine Zielsetzung, eine große Chorarbeit mit verschiedenen Chören und Musikgruppen aufzubauen. Ich wußte, daß Gott sich zu diesem Ziel stellen würde, und schaute mich immer nach neuen Bläsern um, damit unser Chor wachsen konnte.

Keine große Auswahl

Eines Tages machte ich einen Besuch bei einem Ältesten der Gemeinde und hatte mir vorgenommen, seine beiden Söhne als Jungbläser zu rekrutieren. Als ich ihm dies sagte, lachte er und meinte: »Bruder Hermann, daraus wird nichts werden. Vor kurzem war ein Dirigent eines anderen Posaunenchors da und prüfte meine Buben, weil er sie auch aufnehmen wollte. Dabei stellte er aber fest, daß sie zu unmusikalisch sind und er sie nicht gebrauchen kann.« Das war für mich aber kein Hindernis, da ich in meinem eigenen Leben erlebt hatte, was durch das gläubige Gebet alles geschehen kann. So habe ich den beiden Jungen die Hände aufgelegt, sie gesegnet und mit ihnen genauso, wie ich es selbst in Berlin erlebt hatte, im Glauben um Musikalität gebetet. Danach nahm ich sie gleich mit in die Anfängerschule unseres Bläserchors und begann, ihnen das Blasen beizubringen. Sie lernten fleißig und waren dann trotz schlechter Voraussetzungen viele Jahre treue Mitglieder des Chors.

Da unsere Arbeit sehr klein war, hatte ich keine große Auswahl, sondern entschloß mich, die Jugendlichen sehr früh in den Chor aufzunehmen. Bei einem Besuch im Elternhaus eines Bläsers meinte die Mutter: »Bei meinem Buben brauchst du keine Hoffnung zu haben. Der sitzt im Sandkasten und füllt sein Instrument mit Sand und backt damit Kuchen. Aber auch hier belohnte Gott die Treue. Dieser Junge ist inzwischen längst erwachsen und immer noch im Chor. Ein anderer unserer damaligen jungen Bläser, der erst acht Jahre alt war, als er anfing zu blasen, ist heute einer unserer Chordirigenten. So hat Gott die kleinen Anfänge gesegnet und daraus Frucht entstehen lassen zu seiner Ehre.

Bald nach dem Bläserchor begannen wir mit einem Jugendchor. Es war meine Absicht, durch die Chorprogramme den jungen Menschen ein Betätigungsfeld zu geben und durch die Übungsstunden die einzelnen in ein gewisses Jüngerschaftsprogramm zu nehmen. In der Chorarbeit sollten sie Treue und Durchhaltevermögen, aber auch Disziplin und Ordnung lernen. Neben dieser charakterlichen Formung der Chormitglieder sah ich die Aufgabe, sie durch evangelistische Choreinsätze zur Weitergabe des Evangeliums in Musik, Wort und Lied zu ermuntern. Da die Chorarbeit wuchs und immer mehr Jugendliche daran beteiligt waren, entstand die Notwendigkeit einer richtigen Jugendarbeit. Sie begann mit regelmäßigen Jugendabenden, die von Spontanität und einer großen Freude sowie sehr konkreten Erfahrungen mit den Gaben des Heiligen Geistes gekennzeichnet waren. Einige kurze Episoden sollen einen kleinen Einblick in diese anfängliche Jugendarbeit geben.

Ein sehr charakteristischer Zug dieser Jugendprogramme war eine Demonstration der Heiligkeit Gottes. Es passierte immer wieder, daß der Herr durch die Geistesgaben auf ganz konkrete persönliche Nöte und Mißstände hinwies. Einer der damaligen Jugendlichen sagte dazu: »Wenn ich mit einem schlechten Gewissen in die Jugendstunde gehe, weil ich in meinem Leben unbereinigte Dinge habe, kann es passieren, daß der Geist Gottes dies offenbart. Deshalb sorge ich dafür, daß mein Leben zuvor in Ordnung kommt.

Durch eine Not zusammengeschweißt

Deutlich kann man erkennen, daß Gott diese jungen Menschen formen und prägen wollte, um sie für das Altensteiger Werk tragfähig zu machen, in dem später viele von ihnen Mitarbeiter werden sollten. Schon in diesem Vorstadium gab es einige entscheidende Erlebnisse, die unsere Jugendgruppe prägten. Eines davon war der Autounfall eines Jugendlichen, der dabei so schwer verletzt wurde, daß man mit dem Schlimmsten rechnen mußte. Die Jugendstunde an diesem Abend war geprägt von einer völligen Einheit im Gebet und der Frage nach dem Standort des einzelnen und der ganzen Jugendarbeit. Eine tiefe Bußbewegung ging durch unsere Reihen, und viele ernste Gebete um Vergebung wurden gesprochen und neue Hingabe an Gott gewirkt. Am Ende dieser Gebetszeit waren wir gewiß, daß der Verunglückte am Leben bleiben würde und Gott in seinem Leben ein großes Wunder tun wollte. Genau so kam es auch, und die ganze Gruppe war durch diese Not in die Tiefe geführt und unter der Gebetslast zusammengeschweißt worden.

Gerade das Geheimnis des gemeinsamen Gebets lag mir sehr am Herzen. Es war mir klar, daß dies zukünftig der Schlüssel für eine tragfähige Mannschaft sein würde. Deshalb legte ich auf diesen Punkt besonderen Wert. Das ging so weit, daß ich einmal, als wir für einen bevorstehenden Missionseinsatz in Jugoslawien beten wollten und die Jugendlichen die Sache sehr lässig nahmen, die ganze Jugendgruppe nach Hause schickte und sagte: »Ich werde den Einsatz abblasen, wenn so wenig dafür im Gebet investiert wird.« Dadurch erkannten sie alle, wie wichtig das Gebet ist, und fingen an, zu Hause intensiv für diesen Missionseinsatz zu beten. Daß dieser dann doch stattfand und außerordentlich gesegnet war, zeigte ihnen, daß es sich gelohnt hatte, so konsequent auf das Gebet hinzuweisen.

Ein wichtiger Meilenstein für den zukünftigen Auftrag in Altensteig war die Gründung des Jugendkomitees im Jahr 1969. Nachdem die Chorarbeit und das daraus entstandene Jugendprogramm richtig angelaufen waren, entschloß ich mich, aus den Teilnehmern an diesen Programmen einige mit in die Verantwortung zu nehmen und sie in einem Jugendkomitee zusammenzufassen. Es war mir schon damals klar, daß ich meinen Auftrag mit einer jungen Mannschaft durchführen müßte. Schritt für Schritt sollten sie schon von jung auf lernen, Verantwortung zu übernehmen, um dadurch für den zukünftigen Auftrag geformt zu werden.

So erwählte ich unter viel Gebet einige, die sich als zukünftige Mitarbeiter bewähren sollten und denen ich mich besonders widmen wollte. In ihrem Leben konnte ich schon damals Ansätze einer geistlichen Berufung erkennen, daher entschloß ich mich, diese mit Gottes Hilfe zu fördern und zur Entfaltung zu bringen. Dazu übertrug ich ihnen einzelne Aufgaben und besprach danach mit ihnen, was dabei gut oder schlecht gelaufen war. Später hielten wir gemeinsame Jugendstunden, so daß sie unter meiner Anleitung eigene Erfahrungen machen konnten. Im Lauf der Zeit standen wir vor der Frage, ob weitere Jugendliche durch Wahlen oder durch Berufung in dieses Komitee aufgenommen werden sollten. Mitten in diese Auseinandersetzung platzte dann, wie bereits erwähnt, der indische Prophet. Ohne daß dieser etwas von der Diskussion wußte, schuf Gott durch ihn Klarheit, so daß wir für alle Zeit wußten, daß Gott sich für diesen Auftrag seine Leute selbst berufen wollte.

Besonders wichtig für uns waren außerdem zwei Freizeiten, die wir in dieser Zeit hatten. Beide fanden um die Weihnachtszeit in Frutigen in der Schweiz statt. In diesen Freizeiten fing Gott an, sehr grundlegende Dinge über die Jugendgruppe und die zukünftige Entwicklung der Arbeit zu zeigen. Die ganze Freizeitgruppe ging durch gewaltige geistliche Angriffe und wurde dadurch in sehr intensiven Gebetszeiten zu neuen geistlichen Erfahrungen geführt. Verschiedene geistliche Eindrücke und Bilder, die in diesen Gebetszeiten von den Teilnehmern weitergegeben wurden, wiesen klar auf die Ausbreitung der Arbeit hin. In einem der Bilder wurde ein großes Feuer gezeigt, das in einer Landschaft brannte. Von diesem Feuer wurden dann einzelne Feuerbrände entnommen und mit ihnen weit verstreut weitere große Feuerbrände entfacht. Die Auslegung hierzu war, daß von unserer Arbeit aus in der ganzen Umgebung erweckliche Zentren entstehen sollten. Damals im Jahr 1972 konnten bestimmt die wenigsten der Teilnehmer die Tragweite dieser und ähnlicher Eindrücke erfassen. Für mich persönlich war es eine große Freude und Bestätigung, daß Gott durch seinen Geist auch meiner Jugendgruppe auf diese Weise etwas von meinem zukünftigen Auftrag mitteilte.

Das Altensteiger Abenteuer beginnt!

Eines Nachts träumte ich von einem Berghang in Altensteig, auf dem ein Fachwerkhaus stand. Im Traum verhandelte ich mit dem Besitzer über den Kauf dieses Hauses und des dazugehörenden Berghangs. Am anderen Morgen, früh um acht, machte ich mich auf, um den Besitzer dieses Hauses aufzusuchen. Unterwegs überkamen mich auf einmal große Zweifel. Ich wurde geprüft, ob ich diesem Traum Glauben schenkte.

An einer Brücke, die über die Nagold führt, machte ich halt, um Gott noch einmal zu fragen: »Herr, wie soll ich das Gespräch führen, und was soll ich dem Besitzer sagen? Ich kann doch nicht sagen, ich hätte es geträumt.« Daraufhin hieß es in meinem Inneren: »Frage ihn, was seine Mieter machen!«

So ging ich also mit bangem Herzen in das Sägewerk, wo der Besitzer gerade an der großen Gattersäge stand. Erstaunt sah er mich an und fragte, was ich denn wollte. Da die Säge sehr laut war, bat ich ihn, doch mit mir nach draußen zu kommen, da ich ihm etwas zu sagen hätte. Als wir dann von diesem Krach weg waren, sagte er: »Na, und was möchten Sie nun?« — »Ich wollte nur fragen, wie es ihren Mietern geht«, meinte ich zaghaft. »Was gehen Sie meine Mieter an? Lassen Sie mich mit denen in Ruhe! Am liebsten würde ich das ganze Haus verkaufen, dann hätte ich wenigstens keinen Ärger mehr mit ihnen«, sagte er ziemlich ärgerlich. Das war natürlich mein Stichwort, und so sagte ich ihm, daß ich gekommen wäre, weil ich sein Haus kaufen wollte.

»Gut«, sagte er, »ich gehe jetzt für drei Wochen nach Amerika, und wenn ich wieder zurück bin, können wir über alles noch einmal sprechen.« Wie ich später erfuhr, hatte er tatsächlich in dieser Zeit viel Ärger mit seinen Mietern, so daß meine Frage genau die wunde Stelle traf. Drei Wochen lang beteten wir, um Gewißheit zu bekommen, ob mein Traum wirklich von Gott war und ob wir die Sache jetzt anpacken sollten.

Eines Tages wurde einer Mitarbeiterin im Gebet eine Schildkröte gezeigt. Allerdings wußte sie nicht recht, was die Schildkröte bedeuten sollte, und versuchte, diesen Eindruck einfach menschlich zu erklären. Sie meinte: »Bruder Hermann, die Schildkröte ist langsam und hat einen dicken Panzer. Vielleicht heißt das, daß, wenn du langsam vorangehst und dir ein dickes Fell zulegst, du dieses Haus bekommen wirst.« Mir war klar, daß das Bild der Schildkröte uns von Gott her etwas zu sagen hatte und daß wir das Haus kaufen würden. Aber über die Auslegung hatte ich eine andere Erkenntnis. So sagte ich zu ihr: »Ich glaube zwar, daß der Herr dir eine Schildkröte gezeigt hat, aber daß ich langsam vorangehen und einen dicken Panzer bekommen soll, diesen Eindruck habe ich nicht.«

Manchmal ist es so, daß Gott in Form von Bildern Eindrücke gibt, wir dann aber versuchen, diese Bilder menschlich auszulegen. Aus diesem Grund ist es wichtig, daß alle Geistesgaben geprüft und nicht für unfehlbar gehalten werden.

Pünktlich verabredete ich mich nach diesen drei Wochen mit dem Hausbesitzer und ging mit ihm nach Altensteig in die Bahnhofstraße, um das Haus und das Gelände anzuschauen. Nachdem wir das Haus besichtigt hatten, führte er mich den Berg hinauf, an dem das Haus stand. Genau wie in meinem Traum standen wir nun oberhalb des Hauses am Berg, und ich sagte: »Ich möchte das Haus und den ganzen Berg kaufen.« Erstaunt sah er mich an und sagte: »Vom Berg war nie die Rede. Sie können das Haus und sechs Ar Boden bekommen, damit Sie sich einen Garten anlegen können, mehr aber nicht.«

In diesem Augenblick sah ich, wie am oberen Berghang etwas den Boden entlangkroch. Als ich genauer hinsah, entdeckte ich eine große Schildkröte, die dort mit einer Schnur an einen Pfahl gebunden war, so daß sie eine gewisse Bewegungsfreiheit hatte. Sie kam genau auf uns zu. Als ich sie sah, bekam ich Glaubensmut und sagte spontan: »Ich kaufe den Berg mit dem Haus.« — »Nein«, sagte er, »Sie bekommen das Haus, aber nicht den Berg.« — »Doch«, erwiderte ich, »ich bekomme den Berg und das Haus.« Fast etwas verärgert fragte er: »Wie kommen Sie denn darauf?« — »Ich habe es geträumt«, entgegnete ich. Da wandte er sich mir zu und sagte: »Wenn Sie es geträumt haben, sollen Sie es bekommen«.

Damit war die Sache entschieden, und wir hatten die Zusage, den ganzen Berg und das Haus zu bekommen. Zwar war ich erstaunt, daß er so positiv reagierte, als ich sagte, ich hätte es geträumt; den Grund hierfür sollte ich jedoch erst einige Jahre später von seinem Vetter erfahren. Dieser war schwer an Krebs erkrankt, und ich ging ihn im Krankenhaus besuchen. Obwohl es nicht gut aussah, schenkte Gott Gnade, daß er mit seiner ganzen Familie zum Glauben kam und noch ein Jahr lang leben durfte. Er erzählte mir, daß der Vater des Hausbesitzers, der sein Onkel war, auf dem Sterbebett ebenfalls eine Entscheidung für Jesus Christus getroffen und festgelegt hatte, daß Haus und Gelände nur an ein christliches Sozialwerk verkauft werden dürften. So erkannten wir, daß der Herr diesen Besitz schon lange für uns reserviert hatte.

Die Zusage für den Kauf von Berg und Haus war nun vorhanden, aber wir hatten keinen Pfennig Geld. Da begann ein Abenteuer, das sich bis zum heutigen Tag auf immer wieder neue Weise fortgesetzt hat.

»Mein ist Gold und Silber«, sagt Gott in Haggai 2, 8, und genau diese Tatsache durften wir immer wieder erleben. Jedes Haus, das wir gebaut oder gekauft haben, hat, was die

Finanzierung betrifft, seine eigene Geschichte. Hier nun, beim ersten Haus, führte mich Gott zu meinem Schwiegervater, der mir seit vielen Jahren ein treuer Freund und Berater war. Er war bereit, bei der Finanzierung des Hauses zu helfen, da wir zur damaligen Zeit keinen großen Freundeskreis oder sonstige Finanzierungsmöglichkeiten hatten. Wie gut ist es doch, wenn man auch in den verschiedenen Generationen in Harmonie zusammenlebt und Gottes Sache gemeinsam anpackt.

Nachdem das Haus gekauft war, gingen wir mit großem Eifer daran, es zu einem Jugendzentrum umzubauen. Die ganze Jugendgruppe war mit Begeisterung dabei und auch viele der älteren Geschwister bauten kräftig mit. Wir erlebten, wie diese gemeinsame Aufgabe uns zusammenschmiedete. Jeden Samstag war Arbeitsdienst, und wir freuten uns jedes Mal, wenn ein weiterer Raum fertiggestellt war.

So entstanden neben gemütlich eingerichteten Matratzenlagern und verschiedenen Mehrbettzimmern für die Freizeiten auch ein romantisches Kaminzimmer und ein gemütlicher Teekeller für unsere eigene Jugendarbeit. Jeder, ob mit oder ohne handwerkliche Begabung, beteiligte sich an der Arbeit und brachte seine Zeit und Kraft ein, damit das Jugendzentrum entstehen konnte. Gerade unsere zum Teil laienhaft durchgeführte Arbeit segnete der Herr und stellte uns wie versprochen zur nötigen Ergänzung Fachleute an die Seite.

Ehrliches Bemühen

An einem Samstagmorgen, als ich gerade dabei war, verschiedene Arbeiten auf dem Dach durchzuführen, rutschte mir der Hammer aus der Hand und blieb in der Dachrinne liegen. Ich bat einen meiner Mitarbeiter, der mir bei der Arbeit half, mir schnell drei Dachlatten zusammenzunageln, damit ich damit den Hammer aus der Dachrinne stoßen könnte. Es dauerte eine gewisse Zeit, dann kam er wieder und hatte tatsächlich drei Latten — allerdings alle drei übereinander — mit mehreren Nägeln zusammengenagelt! Ich erklärte ihm, daß die drei Latten aneinandergenagelt werden müßten, was er dann auch prompt machte. Doch dieses Mal waren sie so knapp und nur mit jeweils einem Nagel aneinandergenagelt, daß sie schon beim ersten Hochheben abknickten und ich wieder nichts damit anfangen konnte. Diese Szene hatte einer unserer Nachbarn beobachtet, und das veranlaßte ihn, uns mit seinen Möglichkeiten zu helfen. Er sagte mir, daß er das ehrliche Bemühen, das er trotz laienhaftem Arbeiten bei uns sah, hoch bewerte und daß er unser Vorhaben deshalb ab sofort unterstützen wollte. So hatte Gott erneut das Menschliche, Stümperhafte und Unvollkommene gebraucht und in Segen verwandelt.

Der Verein wird gegründet

Schon in dieser Anfangszeit zeigte uns Gott immer wieder seine zukünftige Zielsetzung. Als wir einmal für verschiedene Probleme beteten, sagte ein Mitarbeiter: »Gott zeigt mir ein Bild, und ich sehe, daß der ganze Berg voller Häuser steht. Es sieht aus wie ein ganzes Missionswerk.« Damals hatten wir gerade das erste Gebäude gekauft, und ich dachte: »Es ist gut, daß der Herr selbst meinen Mitarbeitern offenbart, wie es weitergehen soll, dann verstehen sie die Entwicklung und beten dafür.«

Am 25.8.1974 gründeten wir dann einen eigenen eingetragenen Verein (e.V.), das »Jugend-, Missions- und Sozialwerk Altensteig e.V.«.

Damit waren die Voraussetzungen geschaffen, dem zukünftigen Missionswerk eine eigene Struktur zu geben. Neben der bereits bestehenden Gemeindearbeit (Freie

Christengemeinde Raum Schwarzwald e.V.) entstand nun das überkonfessionell arbeitende Missionswerk JMS. Dies war die Erfüllung der beiden Visionen, die uns der indische Prophet schon 1973 weitergegeben hatte.

Bald nachdem das erste Gebäude fertig ausgebaut war, planten wir einen entsprechenden Anbau. Es war mir klar, daß dieser Bau viele Probleme mit sich bringen würde, und so nahmen wir uns Zeit, intensiv dafür zu beten. Wir wollten von Gott Klarheit, ob wir diesen Anbau zu diesem Zeitpunkt anpacken sollten. Im Gebet zeigte der Herr dann einer Mitarbeiterin in einem Bild den Hang, an dem unser Haus steht, worauf einige Schneeglöckchen blühten. In der Auslegung, die dem Bild folgte, machte Gott uns Mut, die Sache mit seiner Hilfe zu wagen. Nach dieser Gebetszeit ging ich zu dem Hang und sah mir die Schneeglöckchen an. Die meisten von ihnen waren schon verblüht, bis auf drei, die noch aufrecht dastanden. Doch auch sie hatten schon braune Ränder, und man konnte erkennen, daß sie nicht mehr lange leben würden. Während ich diese drei Schneeglöckchen ansah, war es, als ob mir der Herr sagen wollte, daß diese drei Blumen drei Tage bedeuteten, und ich wußte, daß mir alles gelingen würde, wenn ich das Projekt innerhalb von drei Tagen anpacken würde. So entschloß ich mich, sofort zu handeln, und überlegte, wie die erforderlichen Erdarbeiten zu bewältigen wären.

Durch die Vermittlung meiner Schwiegereltern mietete ich in Stuttgart eine Raupe mit Fahrer, und wir begannen, den Berg abzugraben. Ich stand unten und dirigierte den Fahrer durch meine Bewegungen.

So arbeiteten wir eine lange Zeit, und alles ging gut. Wir wußten jedoch nicht, daß sich im Berg eine alte, geplatzte Wasserleitung befand, durch die ein Wasserloch entstanden war. Als unsere Baugrube etwa vierzehn Meter tief war und der Raupenfahrer mit seiner Maschine ganz oben stand, kam das Erdreich plötzlich ins Rutschen. Instinktiv schlug ich mit meinen beiden Händen nach oben und dann nach unten, obwohl ich bis heute nicht weiß, wie ich auf diese Bewegung kam. Der Fahrer verstand sie so, daß er die Schaufel der Raupe absenken sollte, und wurde dadurch vor einem großen Unglück bewahrt. Die Maschine stürzte vierzehn Meter tief in die Baugrube und bohrte sich in den Boden. Sie war wie vom Erdboden verschluckt, und der Fahrer saß daneben im Dreck und war völlig unversehrt.

Nun brauchten wir eine Baufirma, die bereit war, die Raupe wieder auszugraben. So sammelten wir unsere ersten Bauerfahrungen und sind uns klar darüber, daß, wenn Gott, der Herr, seine Hand nicht über dem Bauprojekt gehabt hätte, manches böse ausgegangen wäre.

Zum Ausheben des Fundaments für diesen Anbau mußte ein großer Teil des Hangs abgetragen werden, an dem heute die Gebäude stehen. Da traten plötzlich große Probleme mit der Statik auf. Es bestand nämlich die Gefahr, daß der ganze Berg abrutschte, und wir wußten, daß eine entsprechende Stützmauer viel Geld kosten würde und auch von baulicher Seite diverse Probleme mit sich brächte. Von den Ämtern wurden wir aufgefordert, die Statik schnellstens zur Genehmigung einzureichen, doch wir wußten nicht, wie wir dieses Problem lösen sollten.

Auch hier kam uns Gott in ganz besonderer Weise zu Hilfe. Gerade als die ganze Sache wie eine ungeheure Last auf mir lag und die Lage völlig ausweglos schien, gab mir der Herr einen Traum, in dem ich genau sah, wie die Baukonstruktion statisch aussehen mußte.

Als ich erwachte, zeichnete ich alles auf und ging damit zur Baubehörde. Vorsichtshalber hatte ich meine Frau mitgenommen, damit sie die Papiere vorlegen sollte. Ich selbst hielt mich im Hintergrund und sagte kein Wort. Die Fachleute sahen sich die Zeichnung an und erklärten nach eingehendem Prüfen, daß es so bestens funktionieren würde. Nun wollten sie wissen, wo diese Zeichnung herkam. Doris sagte, ich hätte das so gezeichnet, worauf sie von mir genau wissen wollten, wie ich zu diesem Ergebnis gekommen sei. Ich fragte, ob denn ein Fehler in der Zeichnung wäre. Sie verneinten das, meinten aber, ein Laie käme nie auf diese Lösung. So ging es noch eine Zeitlang hin und her, bis Gott mir die entscheidende Antwort gab, so daß sie zufrieden waren. Dann wurde unser Anbau so gebaut, wie ich es in diesem Traum gesehen hatte.

Gott redet durch zwei Australier

Während wir noch mit dem Anbau an das erste Haus beschäftigt waren, hatten wir in Egenhausen, einem Nachbarort von Altensteig, eine Zeltevangelisation. Jeden Abend fand eine Evangelisationsveranstaltung statt. Mit dem Evangelisten war eine Gruppe junger Philippinos nach Deutschland gekommen, um von ihrer Erfahrung mit Jesus zu berichten. Die Leitung der Gruppe hatten zwei australische Missionare. Die Gruppe wurde in unserem Haus in Altensteig untergebracht, und wir trafen uns mit ihnen zu besonderen Gebetszeiten.

Den Abschied von diesen philippinischen Freunden und ihren Leitern werden alle, die dabei waren, wohl nicht so schnell vergessen. Wir hatten uns in zwei Räumen unseres Hauses versammelt, und die Philippinos sangen und spielten uns nochmals einige ihrer Lieder vor, die uns in der Evangelisation viel Freude bereitet hatten. »I'll never be the same again, oh no (Ich werde nie mehr der selbe sein)«, sangen wir aus voller Kehle.

Dann forderten uns die philippinischen Geschwister auf, mit ihnen zur Ehre des Herrn zu tanzen. Dies fiel uns steifen Schwarzwäldern nicht gerade leicht und verlangte einiges an Überwindung. Doch die Freude unserer Gäste steckte so an, daß selbst unsere Köchin anfing, ihre Beine zu bewegen.

Nach dieser Zeit der Freude und des Lobpreises gingen wir ins Gebet. Nachdem einige gebetet hatten, begannen die beiden australischen Brüder einer nach dem anderen, prophetisch zu reden. Obwohl sie von meiner Vergangenheit und meiner gegenwärtigen Situation keine Ahnung hatten und ich mit ihnen diesbezüglich kein Wort gewechselt hatte, sprachen sie unter göttlicher Inspiration direkt in mein Leben hinein. Da eine meiner Mitarbeiterinnen die zuvor gesungenen philippinischen Lieder auf Kassette aufnahm, lief ohne unser Wissen die ganze Zeit das Band weiter. Erst später entdeckten wir, daß diese prophetischen Reden ebenfalls auf Kassette waren. Wir haben sie uns noch öfter angehört und staunten immer wieder über die Präzision des Gesagten. Zuerst sprach mich Gott durch den Mund dieser Männer auf die Last an, die dieser neue Auftrag in Altensteig mit sich bringen würde. Mehrmals wurde ich aufgefordert, stark zu sein und vertrauensvoll vorwärts zu gehen. Interessant ist, daß die Größenordnung des Werks auch in dieser Prophetie schon angesprochen wurde. Dann wurde ich in die Vergangenheit zurückgeführt, und der Herr versprach, die Jahre, die schiefgelaufen waren, zurückzuerstatten. Viele andere Punkte, die wir in den darauffolgenden Jahren bis heute bestätigt sahen, wurden an diesem Tag ebenfalls angesprochen. Zum zweitenmal hatte Gott Ausländer benutzt, um mir für den Altensteiger Auftrag Mut zu machen.

Nur große Scheine

Als der erste Bauabschnitt fertig war, hatte ich den Eindruck, ich sollte einen weiteren Anbau planen. Dadurch sollten noch mehr Doppelzimmer geschaffen werden, die neben den bereits vorhandenen Mehrbettzimmern den Freizeitgruppen zur Verfügung stehen würden. Die Frage war nur: »Woher das Geld nehmen?«

Liebe Brüder und Mitverantwortliche sagten mir, daß es unmöglich sei weiterzubauen, bevor alles andere abgezahlt wäre. So gingen wir wieder ins Gebet, um nach Gottes Willen zu fragen, und wir bekamen deutlich den Eindruck, daß wir weiterbauen sollten. Der Herr würde auch für diesen Bau das erforderliche Geld zur Verfügung stellen.

Eine unserer Beterinnen sah in einem Bild, wie eine ältere Frau auf mich zukam, die ein Netz mit lauter großen Geldscheinen in der Hand hatte. Deutlich sah sie, daß kein einziger kleiner dabei war. Nun waren wir alle getrost und voller Hoffnung und erwarteten diese ältere Frau mit ihren großen Geldscheinen.

Nachdem etwa acht Tage vergangen waren und ich wie üblich von meiner Stuttgarter Wohnung wieder in den Schwarzwald kam, wurde ich sofort mit der Frage empfangen: »Hast du das Geld bekommen?« Da ich dies verneinen mußte, nahmen wir uns vor, einfach weiterzubeten. Als sich nach vierzehn Tagen immer noch nichts getan hatte und auch nach drei Wochen noch keine ältere Frau aufgetaucht war, fuhr mich eine Mitarbeiterin an: »Wenn der Herr gesagt hat, daß du es bekommst, und du hast es nicht, dann stimmt bei dir irgend etwas nicht.« Das war natürlich eine harte Aussage, und ich ärgerte mich über diese Worte, die mich so tief trafen, daß ich mich entschloß, so lange nicht mehr in den Schwarzwald zu gehen, bis das Geld da wäre.

Als ich wieder in Stuttgart war, bat ich meine Frau Doris, mit mir zu beten, mir die Hände aufzulegen, wie wir es als Ehepaar häufig praktizierten, und mit mir zu glauben, daß dieses Geld kommen würde. Doris reagierte jedoch nicht und sagte sogar, daß sie nicht bereit wäre, mit mir zu beten.

Erstaunt fragte ich nach dem Grund, und sie antwortete mir, daß es mir ja doch nur darum ginge, das Geld zu bekommen. Ansonsten wäre mir die Gemeinschaft mit ihr überhaupt nicht wichtig. Sie machte mich darauf aufmerksam, daß wir vor einiger Zeit einen Wortwechsel gehabt hatten, den ich einfach unbereinigt zu den Akten gelegt hatte.

Nun erst sah ich, daß tatsächlich bei mir etwas nicht stimmte, und ich bat Doris um Vergebung. Wir sprachen die ganze Sache miteinander durch und klärten alle Mißstimmigkeiten vor Gott. Dann beteten wir freudig für das Geld, das uns der Herr doch versprochen hatte. Am Ende der Gebetszeit sprang Doris auf und sagte, sie müsse nun schnell noch etwas einkaufen gehen, bevor die Läden schlössen.

Kurze Zeit später kam sie aufgeregt zurück und sagte: »Hermann, stell dir vor, ich bin noch gar nicht zum Einkaufen gekommen. Schon vor dem Laden begegnete mir Frau Sowieso und sagte: › Doris, ich habe gehört, daß dein Mann im Schwarzwald ein Jugendwerk baut. Kann er dazu Geld gebrauchen? ‹ Als ich das bejahte, meinte diese ältere Frau: › Dann soll er einmal bei mir vorbeikommen, damit ich mit ihm reden kann. ‹«

Selbstverständlich machte ich mich sofort auf den Weg, um diese Frau zu besuchen. Nachdem ich ausführlich von meinen Plänen erzählt hatte, sagte sie: »Komm in acht Tagen wieder!«

Als ich acht Tage später wieder bei ihr war, gab sie mir ein Bündel mit achtzig neuen Tausendmarkscheinen. Es war kein einziger kleiner Geldschein dabei!

Zwei Dinge wurden mir durch diese Erfahrung wieder ganz groß. Zum einen, daß der Herr klare Visionen und Weissagungen gibt, zum anderen aber auch, daß wir darauf achten müssen, daß unsere Gebete nicht durch Sünde oder Uneinigkeit, besonders in der eigenen Familie, blockiert werden. Da verstand ich, wie wichtig die Aussage in 1.Petrus 3, 7 ist, wo es heißt, wir sollen mit unseren Frauen vernünftig leben und ihnen die Ehre geben, die ihnen zukommt, damit unser gemeinsames Gebet nicht behindert wird.

So konnten wir also mit diesem weiteren Anbau beginnen und waren voller Freude, daß nicht nur Gebäude errichtet wurden, sondern im gleichen Maß auch junge und alte Menschen zum Glauben kamen und überall Kinder- und Jungschargruppen entstanden, in denen viele Jugendliche ihren Weg mit Jesus Christus begannen. Auch die Erwachsenenarbeit machte Fortschritte, und der Herr füllte die Gebäude mit Leben. Trotz großer Herausforderungen und Kämpfe der unterschiedlichsten Art sahen wir deutlich, wie Gott diesen Auftrag bestätigte. Viele der Jugendlichen arbeiteten bei der Erstellung der verschiedenen Gebäude aktiv mit und waren bereit, ihre Zeit, ihre Kraft und ihr Geld für diese Sache einzusetzen. Für mich war es eine große Freude, sehen zu dürfen, wie dieses Jugendzentrum mehr und mehr Gestalt annahm. Weil Gott unsere Arbeit segnete und sich sichtbare Erfolge einstellten, war ich zufrieden und glaubte, daß alles in Ordnung wäre.

Der einzige Wermutstropfen für mich war die Tatsache, daß unsere Arbeit von manchen uns innerlich nahestehenden Gemeinden, Missionswerken und Gemeindeverbänden abgelehnt wurde. Diese konnten unseren Auftrag und unsere persönliche Führung nicht verstehen, und ein Bruder meinte einmal: »Was ihr da in Altensteig macht, ist ein viereckiger Kreis.« Das war für mich sehr schmerzhaft und kostete manche Träne. Wir erlebten aber immer wieder, daß Ablehnung und Gegenwind auch positiv sein können, wenn wir dadurch Gott näherkommen und gezwungen sind, uns noch fester an ihn zu binden. Dann können wir durch diese Gegenströmungen aufsteigen wie ein Vogel oder ein Segelflugzeug.

Im Schmelzofen Gottes

Zusammen mit einem befreundeten Pastor und seinem Mitarbeiter saßen wir in meinem Auto und unterhielten uns über die Arbeit im Reich Gottes, besonders über all das, was der Herr in diesen Jahren in Altensteig entstehen ließ. Nachdem wir so eine Zeitlang über alles geredet hatten, sagte dieser Pastor zu mir: »Hermann, wir sehen, daß Gott mit dir ist. Wir kommen, um deine Prinzipien zu studieren, und wir bewundern deine Erfolge, die der Herr dir gibt.« Das war, ganz ehrlich gesagt, Balsam für meine Seele, und ich freute mich, daß endlich jemand kam, der meine Arbeit entsprechend lobte und würdigte. Daß dies nur die Einleitung war und das große »Aber« noch kommen sollte, wußte ich natürlich nicht. Genau in dem Augenblick, als ich mich in dem Lob sonnte und mein Herz vor Freude hüpfte, fügte er hinzu: »Aber dich als Person lehnen wir ab!«

Das war ein Tiefschlag für mich. Am liebsten hätte ich ihn samt seinem Mitarbeiter aus dem Wagen geworfen. Ich war wütend und verärgert über diese Aussage, die mir etwa ein halbes Jahr lang zu schaffen machte.

Als einige Tage später mein erster Zorn verraucht war, fing der Heilige Geist an, in dieser Sache zu mir zu reden. Mehr und mehr machte er mir klar, daß ich ein absoluter Einzelgänger war. Zwar hatte ich einige Mitarbeiter, doch war ich nicht bereit, irgendeinen von ihnen an meiner Seite hochkommen zu lassen. Sobald sie eine gewisse Stufe erreicht hatten, bekam ich Angst, daß sie mir meinen Stuhl absägen könnten, und drosselte sie entsprechend.

Woche für Woche sprach Gott in dieser Richtung klar und deutlich zu mir. In meiner stillen Zeit wurde ich zu dem Wort in Johannes 14, 12 geführt, wo Jesus von seinen Jüngern sagt, daß sie Größeres tun würden als er. Der Herr machte mir deutlich, daß der Auftrag, den er mir gegeben hatte, nur ausgeführt werden könnte, wenn ich die Zielsetzung hätte, daß meine Mitarbeiter eines Tages Größeres tun werden als ich. Da erkannte ich, daß es wichtig ist, meine Berufung zwar sehr ernst zu nehmen, gleichzeitig aber andere neben mir zur Ergänzung meines Auftrags höher zu achten als mich selbst. Nur so kann mein Auftrag und Dienst vielfältig und fruchtbar sein.

Der veränderte Führungsstil

Manche Anstöße von anderen Brüdern und Schwestern waren noch notwendig, bis ich bereit war, meinen ganzen Führungsstil umzustellen und ein echtes Team von Mitarbeitern aufzubauen. Nachdem ich nun jahrelang diesen neuen Weg gegangen bin und sehe, wie meine Mitarbeiter in ihre Verantwortungsbereiche und Positionen hineingewachsen sind und sich ständig weiterentwickeln, ist mir klar, daß diese Aussage trotz des momentanen Schmerzes und der Enttäuschung, die sie verursachte, eine ganz entscheidende Wende in unserer Entwicklung einleitete. Gott, der Herr, veränderte dadurch systematisch mein bisheriges Denken vom Einzelgänger zum Leiter eines Mitarbeiterteams. Manches ging dadurch vielleicht nicht ganz so schnell, wie ich es mir vorstellte, und es erforderte viel Geduld mit den einzelnen Mitarbeitern, die zuerst in ihre Aufgabenbereiche hineinwachsen mußten. Doch heute kann ich sehen, daß diese Strategie, die mit diesem gewaltigen »Knall« anfing, sich bestens bewährt.

Viele verantwortliche Leiter im Reich Gottes habe ich gesehen, die unter der Last ihrer vielfältigen Aufgaben fast zusammenbrechen und einsam und allein an der Spitze einer Arbeit stehen. Oft sind zwar potentielle Mitarbeiter in diesen Werken vorhanden, sie werden aber nicht erkannt oder entsprechend eingesetzt und gefördert. Schauen wir jedoch in die Bibel hinein, sehen wir, daß Jesus sein ganzes Leben in zwölf Personen investierte und sie etwa dreieinhalb Jahre intensiv schulte, damit sie später seinen Auftrag weiterführen und die ganze Welt mit dem Evangelium erreichen konnten. Sie waren dann die Träger seiner Botschaft und trugen wie Staffelläufer das Evangelium in die nächste Generation hinein. Es ist interessant, daß Jesus keine alten, erfahrenen, reifen Männer erwählte, sondern daß er junge Männer nahm, die bereit waren, sich von ihm formen und prägen zu lassen.

Heute sehe ich eine meiner Hauptaufgaben darin, den Mitarbeitern mit Rat und Tat zur Seite zu stehen und ihnen meine Erfahrungen, die ich im Lauf der Jahre im Reich Gottes machen durfte, die positiven wie die negativen, weiterzugeben. Dabei sehe ich, daß meinen Mitarbeitern oft nicht die positiven Glaubenserfahrungen und großen Siege weiterhelfen, sondern daß sie vielmehr von den Berichten über meine Kämpfe, Unsicherheiten und Probleme profitieren. Es geht nicht darum, ihnen einen starken, »unfehlbaren« Reichgottesarbeiter zu zeigen, der alles ohne Schwierigkeiten bewältigt, sondern darum, sie besonders an den inneren und äußeren Kämpfen teilhaben zu lassen, so daß sie lernen, was Paulus zu Timotheus sagt: mitzuleiden als gute Streiter Christi (2.Timotheus 2, 3).

Dies alles hat uns über die Jahre hinweg zu einer festen Gemeinschaft zusammengeschweißt, so daß wir uns als Mitarbeiter wie eine Bootsmannschaft sehen, die im gleichen Boot sitzt, zwar mit verschiedenen Aufgaben betraut, aber auf das gleiche Ziel zusteuernd. Manchmal werde ich von anderen Verantwortlichen gefragt, wie man in kurzer Zeit eine solche Mannschaft aufbauen könnte. Dazu muß ich sagen, daß dafür Zeit notwendig ist, Geduld und viel Gebet. Zwar kann man rasch ein Team von Mitarbeitern zusammenstellen, hat aber damit noch lange nicht sofort eine tragfähige Mannschaft. Sie muß durch das gemeinsame Erfahren von Freud und Leid im Reich Gottes, durch Erfolg und Mißerfolg, durch Sieg und Niederlagen geprägt und geformt werden. Oft fehlt den Leitern dazu die Geduld und die Bereitschaft, deshalb entstehen so wenig tragfähige Mannschaften für die Reichgottesarbeit. Eines der wichtigsten Prinzipien Gottes, die ich in bezug auf Zusammenarbeit und Mitarbeiterschaft erkannt habe, ist, daß ich meinen Mitarbeitern treu bleiben muß, auch wenn sie untreu und wankelmütig werden (2.Timotheus 2, 10-13).

Das Brixener Führungsmodell

Aufgrund dieses Umdenkens vom Einzelgänger und Einzelkämpfer zum Leiter eines Teams entwickelten sich verschiedene Führungsprinzipien, die für die Teamarbeit notwendig sind. Da diese bei der Führung einer Familie oder eines Betriebs genauso wichtig sind, möchte ich sie hier als gute Ratschläge weitergeben. Anläßlich einer Familienfreizeit in Südtirol, auf der wir das Führungskonzept Jesu, seinen Umgang mit den Jüngern und besonders Petrus, behandelten, faßte sie einer meiner Freunde als das sogenannte »Brixener Führungsmodell« zusammen. Da er selbst als Geschäftsführer einer großen Firma diese Grundsätze nun schon jahrelang mit Erfolg anwendet, machte er mir Mut, sie in diesem Buch zu veröffentlichen. Sie sollen deshalb hier als Einschub folgen.

1. Durch kooperatives Zusammenwirken dienen alle dem gemeinsamen Auftrag.

2. Zwischen dem Leiter und seinen Mitarbeitern besteht eine Wechselwirkung. Die Leistung jedes Leiters kann nur so groß sein wie die seiner Mitarbeiter und umgekehrt.

3. Der Leiter hat eine ständige Schutzfunktion für die ihm anvertrauten Mitarbeiter und deckt sie in jeder Situation, d.h. nicht nur im Erfolg, sondern auch im Mißerfolg, nicht nur in ihren Stärken, sondern auch in ihren Schwächen. Er hilft ihnen und fördert sie.

4. Der Leiter und seine Mitarbeiter bilden stets eine untrennbare Einheit.

5. Tritt ein Mitarbeiter aus dem Schutz des Leiters, schadet er sich selbst am meisten. In einem solchen Fall muß der Leiter dessen Motiv ergründen und im Gespräch korrigieren.

6. Handelt der Leiter nach Meinung des Mitarbeiters entgegen dem gemeinsamen Auftrag, so ist eine direkte Kontaktaufnahme mit der nächsthöheren Stelle unter gleichzeitiger Information des betreffenden Leiters möglich.

7. Ein Anzeichen von Reife ist, daß ich Korrektur, Kritik und Entscheidungen von Kollegen und Leitern akzeptieren kann.

So wie ich selbst über die Jahre hinweg bis heute meine Mitarbeiter und Nachfolger angelernt habe, erwarte ich auch von jedem einzelnen meiner Mitarbeiter, daß er die Mitarbeiter für seinen Bereich und seine Nachfolger selbst sucht, findet und betreut. Das mag sich manchmal grotesk anhören, wenn ich zu einem Zwanzigjährigen oder Dreißigjährigen sage, er solle sich Gedanken um seinen Nachfolger machen. Aber ich glaube, daß nur so der Fortgang der Arbeit im Reich Gottes gesichert werden kann und wir fähig werden, breit in unsere Gesellschaft hineinzuwirken und viele Menschen mit der frohmachenden Botschaft zu erreichen.

Nur wenn wir die Verbreitung des Evangeliums als einen Staffellauf betrachten, bei dem einer dem anderen die Fackel übergibt, damit das Licht weitergetragen wird, können wir den Missionsbefehl Jesu wirklich erfüllen.

Eine weitere Bestätigung des Auftrags

Es war am 6.10.1976. Ich stand ganz allein in unserem Versammlungsraum, und es ging mir ähnlich wie Elia, der unter dem Wachholderbusch saß und seinen Auftrag nicht mehr weiterführen wollte. Zwar hatten wir viel Segen und Freude erfahren und durften sehen, wie das ganze Werk weiter wuchs, aber die Herausforderungen, Probleme und Schwierigkeiten, die es immer wieder zu bewältigen gab, und das Nichverstandenwerden von vielen Brüdern und Schwestern, die mit der langsam sichtbar werdenden Größenordnung des Werks nicht einverstanden waren, drückten mich zu Boden. Am liebsten wäre ich weggelaufen oder hätte mich von Gott wegnehmen lassen.

Solche Stunden habe ich immer wieder in meinem Leben, und ich glaube, daß der Herr sie zuläßt, damit wir von ihm abhängig bleiben und uns nicht in falscher Sicherheit wiegen. Der Apostel Paulus sagt in 2.Korinther 1, 8, daß ihre Herausforderungen so groß waren, daß sie am Leben verzagten. Schon im nächsten Vers erklärt er aber, daß dies deshalb geschah, damit sie ihre Hoffnung allein auf den Herrn setzten. So stand ich also in diesem Saal und wußte nicht mehr weiter. Ich kannte zwar den Auftrag, den Gott mir gegeben hatte, doch überall waren Grenzen und Mauern, die das Vorwärtsgehen verhinderten.

Die ungewöhnliche Begegnung

In diesen Tagen fand in Karlsruhe in der Schwarzwaldhalle eine Evangelisation mit Dr. Yonggi Cho aus Korea statt, und unser Chor war eingeladen, an diesem Abend dort zu singen. Normalerweise wäre ich selbstverständlich auch zu dieser Veranstaltung gegangen, aber ich hatte kurz zuvor dem Chorleiter gesagt, daß ich diesmal nicht dabei wäre. Ich sah keinen Sinn mehr weiterzumachen und wollte allein sein. Plötzlich ertönte neben mir eine Stimme ähnlich der eines kleinen Jungen. Deutlich vernahm ich die Aufforderung, nach Karlsruhe zu gehen, denn Pastor Yonggi Cho hätte mir etwas Wichtiges zu sagen. Erstaunt sah ich mich um und sah, daß im ganzen Raum kein Mensch war. Nur leere Stühle starrten mich an, nirgends war eine Menschenseele. Die Stimme war jedoch so deutlich und klar gewesen, daß ich diese Aufforderung nicht einfach ignorieren konnte. Ich wurde wieder an mein »Hügelerlebnis« erinnert. Dort hatte ich mit acht Jahren zum ersten Mal Gott erlebt. Mein aufgewühltes Herz war plötzlich zur Ruhe gekommen, und tief in mir war die Gewißheit, daß der Herr mich durch Pastor Cho, den ich zuvor noch nicht persönlich gesprochen hatte, weiterführen würde.

Als es dann Abend war, fuhr ich mit den Jugendlichen nach Karlsruhe und versuchte, noch vor der Versammlung den Übersetzer von Pastor Cho anzusprechen. Als ich ihm mein Anliegen nannte, schaute er mich betreten an und meinte, daß er das Pastor Cho nicht weitergeben könnte. »Viele Menschen versuchen Pastor Cho zu sprechen«, erklärte er mir, »aber er hat sich zum Fasten und Beten in sein Hotelzimmer zurückgezogen und empfängt niemand. Wie soll ich ihm da sagen, daß Hermann Riefle aus Altensteig da ist, den er überhaupt nicht kennt.« Ich war sehr niedergeschlagen und dachte: »Wie soll ich denn mit Pastor Cho sprechen, wenn ich nicht einmal einen Übersetzer habe?«

Der Evangelisationsgottesdienst begann. Nach den Liedern des Chors und dem einleitenden Programm sprach Pastor Cho. Was er genau gepredigt hat, weiß ich allerdings heute nicht mehr, da meine Gedanken mit ganz anderen Dingen beschäftigt waren. Nachdem der Gottesdienst beendet war, sah ich, wie Pastor Cho den Saal schnurstracks durch den Notausgang auf der Bühne verlassen wollte. Da erinnerte ich mich an das Erlebnis, das ich in meiner frühen Jugend mit dem Evangelisten Hermann Zaiss gemacht hatte, als ich zwischen den Beinen der Leute hindurch zu ihm nach vorn gekommen war. Ich sprang auf, machte einige Sätze über die vor mir stehenden Stühle, stellte mich direkt vor die Ausgangstür und rief: »Halt!« Erschrocken sah Pastor Cho mich an, da er nicht wußte, was jetzt passieren würde. Sein Übersetzer, der diese Szene mitverfolgt hatte, kam herbeigelaufen, und ich sagte zu ihm: »So, jetzt übersetze das, was ich dir gesagt habe.« Da erklärte er Pastor Cho, daß Hermann Riefle aus Altensteig hier sei, und daß Gott ihm gezeigt hätte, Pastor Cho würde ihm sagen, wie es in seinem Auftrag weitergehen wird. Yonggi Cho sah mich an, danach den Übersetzer, und sagte dann, ich sollte sie am nächsten Morgen um 9.30 Uhr im Hotel abholen und nach Altensteig bringen. Für den Übersetzer war die Sache wohl völlig rätselhaft, doch mein Herz jubelte und jauchzte, daß Gott sein Wort so treu erfüllte. Später erklärte mir Pastor Cho, daß er an jenem Morgen, als er im Gebet war, von Gott gezeigt bekommen hatte, daß an diesem Tag eine Person auf ihn zukommen würde, die für ihn sehr wichtig wäre. Dadurch war er auf unser Zusammentreffen schon vorbereitet, das sonst wohl gar nicht zustandegekommen wäre.

Ein Blick in die Zukunft

Voll innerer Erwartung fuhr ich am nächsten Tag wieder nach Karlsruhe. Ich war gespannt, was Gott Pastor Cho für mich aufs Herz gelegt hatte. Da über all die Jahre hinweg immer wieder Männer und Frauen Gottes aus dem Ausland gekommen waren, um diesen Auftrag zu bestätigen, war es mir ganz klar, daß die Aussage von Pastor Cho eine weitere Bestätigung und ein Meilenstein in der gesamten Entwicklung sein würde.

Pünktlich um 9.30 Uhr war ich am Hotel, in dem Pastor Cho für diese Tage einquartiert war, und fuhr mit ihm und seinem Übersetzer nach Altensteig. Auf der Fahrt wurden nur einige allgemeine Dinge besprochen. Als wir jedoch in Altensteig ankamen und unser Auto auf dem Parkplatz vor dem JMS-Zentrum abgestellt hatten, stieg Pastor Cho aus, hob beide Hände zum Himmel empor und fing an, den Herrn über dem zu preisen, was hier entstanden war und was noch werden sollte. Dann gingen wir miteinander in das Gebäude und kamen in denselben Versammlungsraum, in dem ich vor wenigen Stunden allein und verlassen gestanden hatte. Pastor Cho kniete nieder, hob seine Hände auf und fing an, in einer gewaltigen Schau Dinge zu prophezeien, die der Herr in der Zukunft tun wollte. Lange Zeit sprach er so unter göttlicher Inspiration über die gewaltigen Taten, die der Herr sich vorgenommen hatte. Seine Rede war wie das Aufbrechen einer Quelle, die sprudelt und sprudelt, so daß der Übersetzer Schwierigkeiten hatte, alles so schnell und korrekt ins Deutsche zu übertragen. Ich selbst stand dabei und wußte, daß es das Reden des Herrn war, aber vieles war mir zu groß und zu gewaltig, daß ich es in dem Moment noch nicht fassen konnte.

Abschließend gingen wir miteinander zum Mittagessen in ein nahegelegenes Restaurant. Einen unserer Mitarbeiter, der ebenfalls Englisch spricht, hatte ich auch dazu eingeladen. Nachdem wir gegessen hatten, sprach Pastor Cho erneut in einer geistlichen Schau lange über die gesamte Entwicklung des Werks. Er redete von einer internationalen Arbeit mit einem ungeheuren Aktionsradius und einer Dimension, die ich fast nicht begreifen konnte. Viele dieser Dinge sind inzwischen bereits ansatzweise erfüllt, der größere Teil steht jedoch noch aus, wird aber zu seiner Zeit ebenfalls in Erfüllung gehen.

Nach dem Essen gingen wir zu unserem Auto auf dem Parkplatz. Bevor wir einstiegen, sah mich Pastor Cho an und fragte, ob ich bereit wäre, seine Aussagen zu bejahen und diesen Auftrag anzunehmen. Meine Antwort war: »Nein!« Erstaunt fragte er mich: »Warum nicht?« — »Weil ich zu dumm bin!« Daraufhin meinte er: »Dafür kann man nichts. Wenn einer es allein nicht kann, dann müssen eben andere kommen und mithelfen. Der Herr wird zur rechten Zeit die richtigen Menschen schenken, die dich in diesem Auftrag unterstützen, und Gott wird sein Wort gewiß erfüllen.«

Nach einer kurzen Unterredung fuhren wir weiter zu einem Ältesten unserer Arbeit, der ein Café besitzt. Hier erzählte Yonggi Cho noch einmal, was Gott mit mir, meinem Auftrag und der Altensteiger Arbeit vorhätte. Danach fuhren wir wieder nach Karlsruhe, um ihn und seinen Übersetzer zurückzubringen. In mir war eine große Freude, gleichzeitig aber auch eine große innere Spannung. Zwar wußte ich um diesen Auftrag, den der Herr mir gegeben hatte, aber ich sah an allen Ecken und Enden meine Grenzen und die menschliche Unmöglichkeit, all das zu tun, was Gottes Plan für diesen Auftrag war. Erst als ich mich erneut entschied, im Gehorsam einen Schritt nach dem anderen zu gehen und dem Herrn zu vertrauen, daß er alles richtig macht, kam mein Herz, das wie eine stürmische See war, wieder zur Ruhe, und Frieden zog ein.

Zu seiner Zeit

Eine Lektion wurde mir bei dieser Begebenheit wichtig, die mir früher schon einmal geholfen hatte. Manchmal offenbart uns Gott in seiner Treue, was er in Zukunft tun will, und zeigt uns Fernziele, die er für uns und unseren Dienst gesteckt hat. Danach aber ist es wichtig, sich wieder der Kleinarbeit zuzuwenden und Schritt für Schritt auf dieses Ziel zuzugehen. Wenn wir meinen, daß diese Fernziele nun sofort erreicht werden müßten, und nur noch an das Große denken, werden wir frustriert und unzufrieden, weil wir denken, daß alles viel schneller gehen müßte. Es ist unsere Aufgabe, Gottes Reden gegenüber aufmerksam und gehorsam zu sein, es in unseren Herzen festzuhalten und durch unser Handeln die Voraussetzungen für das zu schaffen, was der Herr tun will. Ganz entscheidend wichtig ist es dann aber, den richtigen Zeitpunkt zu erkennen, um etwas nicht zu früh oder zu spät anzupacken. Vieles im Reich Gottes ging nicht oder nur teilweise in Erfüllung, weil man den richtigen Zeitpunkt nicht erkannte.

Im Propheten Habakuk im 2. Kapitel, Vers 2 und 3 lesen wir: »Der Herr aber antwortete mir und sprach: Schreib auf, was du geschaut hast, deutlich auf eine Tafel, daß es lesen könne, wer vorüberläuft! Die Weissagung wird ja noch erfüllt werden zu ihrer Zeit und wird endlich frei an den Tag kommen und nicht trügen. Wenn sie sich auch hinzieht, so harre ihrer; sie wird kommen und nicht ausbleiben.«

Prophetische Voraussagen, die Gott uns dann und wann schenkt, sind wie Blicke zu fernen Bergen, die wir bei klarem Wetter erkennen können. Sie scheinen oft ganz nahe zu sein, und man glaubt, mit einigen Schritten hätte man sie erreicht. Wenn wir aber auf sie zumarschieren, erkennen wir, daß gewaltige Hügel und Täler, Felder und Wälder dazwischen liegen und es eine lange Wegstrecke braucht, um zu diesen Bergen zu kommen. Doch wie der Prophet sagt, sollen wir diese Ziele Gottes im Herzen bewahren und nicht aus den Augen verlieren; denn wenn wir treu bleiben, werden sie sich zu ihrer Zeit sichtbar erfüllen.

Anläßlich dieser ersten Begegnung mit Pastor Cho sprach er die Einladung aus, daß wir doch einmal nach Korea kommen sollten, um dort seine Arbeit vor Ort kennenzulernen. Da im Frühjahr darauf von Geschwistern aus Karlsruhe und Berlin eine Studienreise nach Südostasien organisiert wurde, nahmen wir uns vor, mitzureisen und mit eigenen Augen zu sehen, was der Herr in Korea getan hatte.

Die »Fieberschau« von Osaka

Mit sechs meiner engeren Mitarbeiter und meiner Frau Doris stieg ich am 29.3.1977 in das Flugzeug, das uns von Stuttgart nach Zürich und dann über verschiedene Zwischenstationen nach Seoul bringen sollte. Aus der Schweiz, aus Frankreich und aus Deutschland waren etwa achtzig Personen mit dem unterschiedlichsten denominellen Hintergrund zusammengekommen, die an dieser Studienreise teilnahmen. Nach einem achttägigen Aufenthalt in Korea mit verschiedenen Seminaren und Besichtigung der einzelnen Arbeitszweige der Full Gospel Central Church flogen wir weiter, um auch noch einige Gemeinden in anderen ostasiatischen Ländern kennenzulernen. Unsere erste Station war Japan.

Am 9.4.1977, als laut Reiseplan die Besichtigung der Stadt Osaka und die Gemeinschaft mit verschiedenen japanischen Geschwistern vorgesehen war, wurde ich plötzlich krank. Ich hatte Fieber und große Kreislaufprobleme, so daß es mir nicht möglich war, auf diese Besichtigungstour mitzugehen. Ich schickte meine Mitarbeiter und meine Frau los und blieb in meinem Hotelzimmer.

Ich wollte meine Ruhe haben und mich etwas erholen, damit ich die weitere Reise gut überstehen konnte. Mitten in dieser Situation der körperlichen Schwäche und des hohen Fiebers sprach plötzlich der Herr zu mir über den weiteren Fortgang der Arbeit, die ich tun sollte. Da war einmal der Bau eines weiteren Gebäudes als Ausbildungszentrum für Jugendliche zur aktiven Gemeinde- und Missionsarbeit. Dann der Aufbau eines Netzes von verantwortlichen Leitern aus den unterschiedlichsten Denominationen, das nicht durch eine große Organisation, sondern durch freundschaftliche Beziehungen geprägt sein sollte. Ein weiterer Teil dieses Auftrags war, die Grundlagen dafür zu schaffen, in unserem und den anderen deutschsprachigen Ländern ein christliches Fernsehprogramm aufzubauen. Wie ein Traum ging das alles an mir vorüber, und ich dachte: »Herr, bist du es wirklich, der zu mir redet und all das von mir erwartet?« Außerdem bewegte mich die Frage, wie das alles gehen sollte, und wie ich die gewaltigen finanziellen Herausforderungen, die mit diesem neuen Gebäude verbunden sein würden, bewältigen sollte.

Zwei »unmögliche« Briefe

Während ich betete, wurde ich an zwei Frauen erinnert, die ich von früheren Begegnungen her kannte. Die eine lebte im süddeutschen Raum, die andere in Berlin. Mir wurde klar, daß ich zwei Briefe schreiben sollte, um ihnen diese Last mitzuteilen und sie zu bitten, mich in dieser Sache zu unterstützen.

Über all diesem Geschehen und den Stunden des Alleinseins mit Gott waren meine Frau und meine Sekretärin zurückgekommen. Sofort diktierte ich ihnen die beiden Briefe und ließ sie gleich darauf zum Briefkasten bringen. Ganz überraschend war kurz danach das Fieber weg. Jetzt geschah etwas typisch Menschliches: Erschrocken über das, was in diesen beiden Briefen stand, glaubte ich nun, die Frauen müßten mich wohl daraufhin für verrückt halten. Doch der Geist Gottes hatte mir den Auftrag gegeben, ihnen zu schreiben. Was denkt jemand, der plötzlich einen Brief erhält, in dem gesagt wird, daß er sein Geld für eine bestimmte Sache zur Verfügung zu stellen hätte. Da kann doch jeder kommen und solche verrückten Briefe schreiben.

Die ersten, mit denen ich daraufhin ziemlich aneinandergeriet, waren meine Frau und meine Sekretärin. Schließlich hatten sie ja diese Briefe geschrieben, die ich ihnen in meinem Fieber diktiert hatte. So sagte ich: »Wie konntet ihr nur so verrückt sein, Briefe eines Mannes wegzuschicken, die er in hohem Fieber diktiert hat? Ihr wußtet doch, daß ich nicht voll da war und hättet wenigstens so vernünftig sein können, die Briefe zurückzuhalten, bis es mir wieder bessergeht.« Doch die Post war weg, und selbst dieser Krach konnte nichts mehr daran ändern.

Unsere Reise ging dann über verschiedene Stationen in Japan, Taiwan, Hongkong und Thailand weiter. Zwei Wochen später waren wir wieder zu Hause.

Kurz nach unserer Rückkehr ging meine Frau nach Stuttgart, um dort einige Dinge zu erledigen. Plötzlich sah sie die Frau, der ich den Brief geschrieben hatte. Voller Freude kam diese auf sie zu und sagte: »Doris, dein Mann hat mir einen Brief geschrieben. Weißt du davon?« Bestürzt und verlegen wußte Doris nicht, was sie antworten sollte, und versuchte, einer klaren Antwort auszuweichen. Ihre Gesprächspartnerin erkannte das sofort und sagte: »Doris, du brauchst keine Angst zu haben, es geht alles in Ordnung. Bereits bevor dieser Brief kam, sagte der Herr mir im Gebet, daß ich so viel Geld auf der Bank hätte und es abheben und dem Reich Gottes zur Verfügung stellen sollte. Ich wußte, daß Gott irgend etwas damit vorhat. Sage deinem Hermann, daß es in Ordnung geht, ich werde es überweisen.«

Voller Freude kam Doris nach Hause und erzählte mir von dieser Begegnung. Wir lobten und priesen den Herrn für diese Führung, und auch unsere Mitarbeiter in Altensteig freuten sich über die schnelle Erfüllung der göttlichen Zusagen. In dieser Freude und Begeisterung dachten wir, daß es mit dem anderen Brief genauso reibungslos verlaufen würde. Wieder einmal mußten wir erkennen, daß der Herr keinen Weg zweimal geht, um bei uns keine falsche Sicherheit aufkommen zu lassen.

Einige Tage später erhielten wir einen Brief aus Berlin. Der Inhalt war etwa folgender: »Herzlichen Dank für Deinen Brief. Es stimmt, daß ich Geld habe. Es stimmt auch, daß dieses Geld dem Reich Gottes zur Verfügung gestellt werden soll, aber woher soll ich wissen, daß es von Gott her ausgerechnet für Deinen Auftrag in Altensteig gedacht ist? Erst wenn mir das klar ist, bin ich bereit, es für euer Werk zu geben.« Im ersten Augenblick war ich bestürzt, da ich wirklich geglaubt hatte, daß alles so reibungslos verlaufen müsse wie bei der anderen Sache. Innerlich schrie ich zum Herrn und fragte: »Herr, wie soll es jetzt weitergehen?«

Die göttliche Unruhe

Hier kam uns wieder einmal eine Einrichtung zugute, die schon über Jahre hinweg unserer ganzen Arbeit viel Segen gebracht hat: drei Frauen, die regelmäßig jede Woche einige Stunden für den Auftrag und das ganze Werk beteten. Bei einer gemeinsamen Gebetszeit, in der wir intensiv um eine Antwort auf diese Frage gerungen hatten, wurde uns klar, daß wir dieser Schwester in Berlin folgende Antwort geben sollten: Wir sollten ihr schreiben, daß die Unruhe, die sie beim Öffnen dieses Briefes überfallen würde, eine göttliche Unruhe sei. Diese würde sie auch erst wieder loslassen, wenn sie bereit wäre, ihr Geld für diesen Auftrag zur Verfügung zu stellen. Voller Spannung warteten wir nun auf ihre Reaktion auf diesen Brief. Diese ließ nicht lange auf sich warten; schon einige Tage danach schrieb sie uns, daß sie unseren Brief erhalten hätte. In dem Augenblick, als sie ihn in die Hand genommen hatte, war sie von einer großen Unruhe überfallen worden, wie sie es zuvor nie in ihrem Leben erlebt hatte. Mit zitternden Händen hatte sie den Brief aufgerissen und nur die ersten Zeilen gelesen. Da ihr klar war, daß sie nun von Gott eine deutliche Bestätigung dieses Auftrags hatte, ging sie sofort zur Bank, um einen Teil ihres Festgeldes zu kündigen. Danach wurde sie wieder ganz ruhig und las unseren Brief in Ruhe und Frieden zu Ende. Voller Freude schrieb sie uns weiter, daß sie nun über Gottes Willen Gewißheit hätte. Sie schrieb uns konkret, wann und in welcher Höhe sie uns Geld überweisen wollte.

Wieder waren wir von Gottes Größe und Treue überwältigt. Wichtige Lektionen hatten wir durch diese Sache gelernt, und wir freuten uns über die weitere Bestätigung unseres Auftrags.

Trotzdem wußte ich, daß dieses neue Gebäude neben dem Grundstock, der durch diese beiden Frauen gelegt worden war, weitere gewaltige finanzielle Belastungen mit sich bringen würde. Daher hatte ich Bedenken, meinen Mitverantwortlichen davon zu sagen. Es war klar, daß sie mir dann als erstes die Frage stellen würden, ob wir nicht zuerst die Restschuld abtragen müßten, die aufgrund des Kaufs unseres ersten Hauses und der Anbauten noch bestand. Man kann doch nicht ein neues Millionenprojekt angehen, wenn das alte noch nicht vollkommen abgezahlt ist!

Das Fell Gideons

Mit bangem Herzen ging ich in die nächste Besprechung, vor mir die Bürde des Auftrags, aber auch all die Fragen, die damit bei meinen Brüdern aufgeworfen würden. Natürlich fragten sie mich wie erwartet nach der Abzahlung der restlichen Schulden und sagten, daß sie mit dem Bau einverstanden wären, wenn diese Sache erledigt sei. Sehr gut konnte ich ihre Argumentation verstehen, da es auch für mich nicht einfach war, zu diesem Zeitpunkt ein weiteres Projekt dieser Größenordnung anzugehen. Da ich jedoch klar und deutlich um diesen göttliche Auftrag wußte, schrie ich in dieser Besprechung innerlich zu Gott: »Herr, was soll ich tun?« Plötzlich kam mir eine Idee, und ich sagte: »Seid ihr bereit, dieses Projekt zu unterstützen und in der Gemeinde eine Aktion auszurufen mit der Zielsetzung, bis Ende des Jahres 100.000 Mark zu sammeln? Dann will ich persönlich glauben und beten, daß unabhängig davon noch einmal 200.000 Mark vom Freundeskreis zusammengebracht werden. Wie für Gideon das Fell soll dies für uns ein Zeichen sein, daß der Herr mit uns ist.« Sie waren alle einverstanden, und wir waren gespannt, wie alles gehen sollte. Da wir bereits August hatten und diese Aktion zum 31.12. abgeschlossen sein sollte, waren es gewaltige Summen, für die wir zu beten und zu glauben hatten. Voller Spannung warteten wir auf unsere Silvesterfeier.

Ich hatte mir vorgenommen, vorher nicht über das Ergebnis oder etwaige Entwicklungen zu sprechen, sondern erst Ende des Jahres vor der versammelten Gemeinde das Ergebnis bekanntzugeben. Dadurch sollte uns allen aufs Neue die Größe Gottes klarwerden.

Endlich war es soweit. Nach verschiedenen Eingangsliedern und kurzen Zeugnissen ging ich nach vorn, um die Silvesterpredigt zu halten. Alle Augen waren auf mich gerichtet, und jeder wartete gespannt, was kommen würde. Tief bewegt und mit Tränen in den Augen konnte ich sagen, daß von der Gemeinde nicht nur 100.000, sondern 128.000, und vom Freundeskreis statt 200.000 sogar 400.000 Mark zusammengekommen waren. Alle zusammen waren wir beschämt von der Treue und Güte unseres Gottes. Er hatte auf gewaltige und überwältigende Art und Weise sein Wort bestätigt.

Herr, hier ist die Schule, wo sind die Lehrer?

Es war also ganz klar, daß wir dieses Schulungszentrum erstellen sollten, aber welche Schüler und welche Lehrer würden kommen? Das war mir noch viel wichtiger. Deshalb hatte ich seit jenem Erlebnis in Japan intensiv gebetet und gefragt: »Herr, wie soll ich denn dieses Schulungsprogramm aufbauen?«

In einer dieser Gebetszeiten wurde ich auf die Arbeit von »Jugend mit einer Mission« aufmerksam gemacht. Bereits vor Jahren hatte uns ein Team von Mitarbeitern dieser Organisation bei einer evangelistischen Woche geholfen. Einige aus unserer Jugendgruppe besuchten danach auch Seminare und Tagungen, die in der Zeit zwischen 1971 und 1976 von »Jugend mit einer Mission« veranstaltet wurden. Ich persönlich hatte bis dahin jedoch noch keinerlei Beziehung zu den Verantwortlichen dieser Organisation und kannte alles nur vom Hörensagen.

Das sind nicht die Prinzipien von »Jugend mit einer Mission«!

In dieser Gebetszeit wurde mir jedoch klar, daß ich am Pfingstmontag des Jahres 1977 nach Hurlach fahren sollte, um dort mein Anliegen der Leiterschaft von »Jugend mit einer Mission« in Deutschland vorzutragen.

Mit zwei Mitarbeitern fuhr ich am Pfingstmontag nach Hurlach. Als ich nach verschiedenen Veranstaltungen, die dort an diesem Tag stattfanden, mit den verantwortlichen Leitern sprechen konnte, erzählte ich ihnen von meinem Auftrag, ein Schulungszentrum zu bauen, und von meiner inneren Schau, ihnen als »Jugend mit einer Mission« dieses Gebäude zu übergeben, um darin Schulungsprogramme durchzuführen.

Mit großen Augen sahen sie mich an und gaben zuerst gar keine Antwort. Die älteren dieser verantwortlichen Brüder sagten nichts dazu, denn — so erzählten sie mir später — noch nie in ihrem gesamten Dienst hatten sie so etwas erlebt. Da kam einer aus dem Schwarzwald, den sie nicht kannten, und behauptete, daß es Gottes Wille sei, daß sie etwas Bestimmtes zu tun hätten. Einer der jüngeren Mitarbeiter raffte sich dann auf und meinte: »Das sind nicht die Prinzipien von › Jugend mit einer Mission ‹!« Damit wollte er mit Recht zum Ausdruck bringen, daß normalerweise niemand seine göttliche Führung einem anderen aufdrängen darf, sondern daß sich Gott jedem persönlich offenbaren will. Aussagen von anderen Menschen können als Bestätigung dieser persönlichen Führung dienen, dürfen aber nicht als ein Muß mißverstanden werden

Am Schluß unseres Gesprächs kamen wir überein, weiter über der Sache zu beten und uns von Gott Klarheit schenken zu lassen, ob das wirklich sein Plan für »Jugend mit einer Mission« war. »Das Gebäude werde ich jedoch gemäß meinem Auftrag auf jeden Fall bauen«, sagte ich, fuhr mit meinen Mitarbeitern wieder in den Schwarzwald zurück und begann, ein Schulungszentrum zu planen, ohne die Lehrer, geschweige denn die Schüler dafür zu haben.

»Unser Jericho«

Ebenfalls in diesem ereignisreichen Jahr 1977 erkannten wir, daß es Gottes Wille für uns war, nicht nur dieses Schulungszentrum zu erstellen, sondern darüberhinaus die neben dem zu bebauenden Grundstück stehende Pension zu erwerben. Kurz darauf wechselte diese Pension den Besitzer und wurde tatsächlich zum Kauf angeboten, wenn auch zu einem sehr hohen Preis. Dabei hatten wir doch von Gott her den Eindruck, daß wir sie zu einem bestimmten Preis bekommen würden. Intensiv beteten wir deshalb, ob wir sie zu diesem überhöhten Preis kaufen sollten oder nicht.

Noch während wir beteten, kam ein anderer Käufer und schnappte uns dieses Gebäude vor der Nase weg. Wieder fragten wir Gott: »Herr, was ist los? Haben wir dich falsch verstanden?« Im Gebet in der kleinen Gruppe wurde uns jedoch klar, daß wir dieses Gebäude bekommen würden, egal, wie die Umstände im Augenblick aussahen. Eine Mitarbeiterin sah in einem inneren Bild, wie ich um dieses Haus lief, dessen Türen und Fenster verschlossen und verriegelt waren. Gleichzeitig wurde eine andere Mitarbeiterin an die Bibelstelle aus Josua, Kapitel 6 erinnert, die von der Einnahme Jerichos berichtet.

Die beiden Mitarbeiterinnen kamen zu mir und sagten, sie hätten das innere Empfinden, daß sie jeden Tag einmal betend um dieses Haus laufen sollten, und zwar so lange, bis wir es bekommen hätten. Als ich sie daraufhin fragte, was sie denn bei schlechtem Wetter tun wollten, antworteten sie: »Wenn wir nicht herumlaufen können, dann gehen wir während dieser Zeit auf die Knie, laufen im Geist um das Gebäude und nehmen es so ein.« Es war ein großes Geschenk für mich, daß meine Mitarbeiter, wenn ich nicht mehr weiter wußte, meine Arme stützten und betend mitkämpften.

Wie jedes unserer Häuser seine eigene Geschichte hat, angefangen mit der Schildkröte auf dem Berg, über die ältere Frau mit den großen Geldscheinen, bis hin zu den »Fieberbriefen« von Osaka, hat also auch diese Pension ihre ganz besondere Geschichte.

Tatsächlich liefen die beiden Schwestern Tag für Tag, je nach Wetter real oder im Geist, um dieses Haus. So ging das fast ein Jahr lang. In der Zwischenzeit renovierte der neue

Besitzer die Pension, so daß sich der Wert des Hauses in diesem Jahr noch steigerte.

Der freundliche Empfang auf der Bank

Es war an einem Donnerstagmorgen, dem Tag, an dem ich gewöhnlich von meiner Wohnung in Stuttgart-Stammheim nach Altensteig fuhr. Während meine Frau und ich unsere Morgenandacht hielten, kam mir plötzlich der Gedanke, auf meinem Weg nach Altensteig in Nagold bei der Bank vorbeizuschauen. Ich wußte zwar nicht, warum und wieso, aber dieser Gedanke drängte sich mir förmlich auf. Daß zur gleichen Zeit der Direktor dieser Bank versucht hatte, mich in Altensteig zu erreichen, wußte ich zu diesem Zeitpunkt noch nicht.

So fuhr ich also in Richtung Schwarzwald und stellte mein Auto auf dem Parkplatz vor jener Bank in Nagold ab. Ich wußte gar nicht, was ich dort sollte, ging aber hinein und stellte mich mit meinem Namen vor. Die Sekretärin des Bankdirektors hieß mich freundlich willkommen und bat mich, einen Augenblick zu warten. Sie fragte überhaupt nicht, was ich wollte, sondern es schien alles bereits für mich vorbereitet zu sein. Kurz darauf trat der Bankdirektor ins Zimmer und sagte voller Freude zu mir: »Herr Riefle, ihre Sterne stehen günstig!« Damit konnte ich natürlich überhaupt nichts anfangen, und ich überlegte, was er wohl damit meinen konnte. Bald kam ich dahinter, daß der Besitzer der Pension in finanzielle Schwierigkeiten gekommen war und dieses Gebäude, das inzwischen Eigentum der Bank war, rasch verkauft werden sollte. Da unser Interesse an diesem Gebäude bekannt war, hatte man sich entschlossen, es uns zum Kauf anzubieten.

Als ich nach dem Kaufpreis fragte, war es genau der Betrag, den uns der Herr schon fast ein Jahr zuvor gezeigt hatte, nur daß das Gebäude inzwischen aufgrund der Renovierung des Vorbesitzers für uns noch wertvoller geworden war.

Ich sagte dem Bankdirektor, daß ich schon interessiert wäre, die Pension zu kaufen, im Augenblick aber nicht die erforderlichen Geldmittel zur Verfügung hätte. Er meinte: »Das lassen Sie nur meine Sorge sein!« und legte mir wenig später einen Finanzierungsplan vor, der so günstig war, daß ich wieder einmal nur staunen konnte.

Gottes perfekter Zeitplan

Da der alte Besitzer noch im Gebäude war, wußten wir nicht, wie wir nun vorgehen sollten. Er hatte große Schwierigkeiten mit anderen Firmen, mit denen er in Geschäftsverbindung stand, und wir wollten auf keinen Fall hier eingreifen. So beteten wir einfach, daß der Herr alles zur rechten Zeit und Stunde zuwege bringen sollte. Wir waren gewiß, daß uns in dem Augenblick, wo wir mit dem Bau des neuen Schulungszentrums beginnen wollten, auch diese Pension zur Verfügung stünde.

Wieder war Gottes Zeitplan perfekt. An dem Tag, als um sieben Uhr die Baumaschinen kamen, zog der alte Besitzer ebenfalls um sieben Uhr aus. »Des Herrn Wort ist wahrhaftig, und was er zusagt, das hält er gewiß!«

Am 18.10.1978 begannen die Bauarbeiten am neuen Schulungszentrum und gleichzeitig die Einnahme unseres »Jerichos«, für das wir so lange geglaubt und gekämpft hatten. Auch aus dieser Begebenheit lernten wir, daß Gott ständig neue Wege geht, was die Art und Weise der Erfüllung seiner Zusagen sowie die Finanzierung angeht.

Wie Mose den Felsen nicht zweimal schlagen sollte, um Wasser zu bekommen, will Gott auch uns kein Schema geben, nach dem wir in allen Lagen vorgehen können. Es ist

ihm wichtig, daß wir in der ständigen Abhängigkeit von
ihm bleiben und seine konkret vorbereiteten Wege jeweils
neu erkennen und dann entsprechend handeln. Dies bewahrt uns vor Selbstsicherheit, Stolz und eigenen Wegen.

Die Zusage

Nun hatten wir nicht nur *ein* Gebäude für dieses
Schulungsprogramm, sondern bereits zwei, aber immer
noch keine Lehrer, die das Programm in diesen Gebäuden
gestalten konnten. Zwar bekamen wir in den Monaten
während der Bauzeit engeren Kontakt mit verschiedenen
Brüdern von »Jugend mit einer Mission«, besonders mit
Keith Warrington, der uns beim Aufbau der Hauskreisarbeit, über die im nächsten Kapitel berichtet wird, tatkräftig
unterstützte; aber eine Zusage für die Gestaltung des Programms kam lange nicht.

Wieder einmal wurde unser Glaube auf die Probe gestellt. Doch wir konnten gelassen bleiben, da uns der Herr
ganz am Anfang dieses Kontakts mit »Jugend mit einer
Mission«, als wir intensiv für eine Zusammenarbeit beteten, als bildhaften Vergleich ein Brücke gezeigt hatte, eine
Verbindung zwischen Hurlach, dem Sitz von JmeM, und
Altensteig. Schon so oft hatte er seine durch die Gaben des
Geistes gegebenen Verheißungen erfüllt, und so erwarteten
wir es auch diesmal.

Acht Wochen vor der endgültigen Fertigstellung des Gebäudes kam dann die Zusage der Hurlacher Brüder, denen
der Herr inzwischen Klarheit über ihr Engagement in Altensteig gegeben hatte.

Kleine Kreise und ein großes Netz

Neben der Gebäudeerstellung und den damit verbundenen Wundern und Bewahrungen erlebten wir in diesen Jahren auch, wie der Herr die gesamte Arbeit mit seinem Segen begleitete. Die Jugendgruppe wuchs weiter; die Chöre entwickelten sich zu einem festen Zweig der Arbeit. Durch intensive Evangelisationen in allen umliegenden Dörfern entstanden viele Kinder-, Jungschar- und Teenagergruppen. Bedingt durch die ländliche Struktur der Gegend hatten wir unter der Woche in den einzelnen Orten viele kleine Treffen. Nur Samstag abends trafen wir uns alle zur Jugendstunde und am Freitag zu den Übungsprogrammen. Am Sonntag war dann noch der gemeinsame Gottesdienst.

Während die Kinder und Teenager sich aufgrund der oben beschriebenen Entstehung sowieso in den einzelnen Orten trafen, wurde uns klar, daß wir auch die Jugendgruppe zusätzlich zu dem Samstagabendprogramm in kleine Kreise aufteilen sollten. So hatten wir bereits im Jahr 1974 die ersten Jugendhauskreise, lange bevor die eigentliche »Hauskreiswelle« auch unser Land erfaßte.

Wir wollten durch diese kleinen Gruppen die Gesamtjugend in organische Wachstumszellen aufteilen, um in den einzelnen Orten missionarische Kerngruppen aufzubauen. Außerdem sollte dadurch die persönliche Betreuung des einzelnen Jugendlichen besser gewährleistet sein, als dies im großen Rahmen möglich war.

Als wir dann 1977 in Korea waren und dort das ganze Hauskreiskonzept der Arbeit kennenlernten, bekamen wir den Eindruck, daß es nun an der Zeit wäre, auch mit Erwachsenenhauskreisen zu beginnen. Wieder zu Hause, teilten wir die bisherige Gemeindebibelstunde in etwa zehn Hauskreise auf und begannen mit einer regelmäßigen Schulung der Hauskreisleiter und ihrer Stellvertreter.

Persönliche Hilfe von anderen Brüdern und für andere Brüder

Besonders Bruder Keith Warrington von »Jugend mit einer Mission« wurde für unsere Arbeit zu einem großen Segen. Seine regelmäßigen Besuche bei diesen Schulungsprogrammen führten uns in ein neues Verständnis der Weltmission und der Gemeinde Jesu weltweit. Für mich persönlich wurde Keith zusammen mit David Boyd, dem damaligen Leiter von »Jugend mit einer Mission« in Deutschland, zu ganz engen Freunden. Bei ihnen lernte ich es, mein Herz zu öffnen und meine Ängste zu offenbaren. Sie und andere Freunde, besonders auch Christoph Häselbarth, ein Mitarbeiter eines Seelsorgezentrums, machten mir immer wieder Mut, meinen Auftrag zu akzeptieren und trotz meiner Komplexe dazu zu stehen. Bei ihnen lernte ich, was es heißt, unter Reichgottesarbeitern Freundschaft zu pflegen, wo einer für den anderen da ist.

So waren ihr Einsatz und ihre Hingabe an mich persönlich und an die in Altensteig entstehende Arbeit die Keimzelle unserer Hauskreisarbeit, die inzwischen über einhundert Hauskreise umfaßt und ständig weiter zunimmt.

Ebenfalls in dieser Zeit fingen wir an, zu kleineren Mitarbeitertreffen einzuladen. Wir wollten Gemeinschaft mit anderen Christen haben, die in ihren Gemeinden und Werken in der Verantwortung standen. Zuerst kamen nur einige wenige Freunde, die wir inzwischen kennengelernt hatten. Dennoch waren es schöne gesegnete Zusammenkünfte, die für uns alle von großem Gewinn waren. Wir haben miteinander über Probleme in den Arbeiten gesprochen, uns gegenseitig gedient und viel gebetet. Gerade diese Gebetsgemeinschaften waren Zeiten, in denen Gott uns seine Ziele zeigte. Viele geistliche Bilder mit ähnlichen Inhalten wurden weitergegeben. Da war von kleinen Feuern die Rede, die zu einem großen Feuer zusammenliefen. Ein anderes Mal wurde ein Netz mit verstärkten Knotenpunkten gezeigt, das ausgeworfen wurde, um viele Fische zu fangen. Da diese Aussagen immer wieder auftauchten und durch viele passende Bibelworte bestätigt wurden, erkannten wir, daß Gott mit diesen Treffen etwas ganz Konkretes vorhatte. Er wollte Männer und Frauen zusammenbringen, die in seinem Reich Verantwortung tragen, genauso wie ich es damals in Osaka gesehen hatte. Tatsächlich merkte ich bald, daß plötzlich viele persönliche Kontakte entstanden. Nicht nur zu Personen aus einer Bewegung, sondern zu Menschen aus den unterschiedlichsten Denominationen. Da waren freie Werke und Gemeinden genauso vertreten wie landeskirchliche Mitarbeiter oder Verantwortliche von Freikirchen. Es waren nicht die großen Massen, sondern die Mitarbeiter und Leiter solcher Organisationen.

Ein erweiterter Auftrag

Als wir wieder einmal während solch einem Treffen, das nun mehrere Male im Jahr stattfand, zusammen waren, gab Gott einem guten Freund, Missionar Frans Schadee aus Holland, eine geistliche Schau. In dieser Schau sagte er mir, daß ich Leiter zusammenrufen würde, um ihnen Hilfestellung zu geben und mit ihnen über das ganze Land ein Netz der Verbundenheit und Freundschaft aufzubauen.

Obwohl so etwas bereits ansatzweise sichtbar geworden war, schien mir das alles doch sehr schwer, und wieder einmal hatte ich Probleme, Gottes Reden zu akzeptieren. Ich versuchte, mich zu drücken und alles wegzuschieben. Doch tief in meinem Herzen verstand ich, daß es Gottes Plan war. Je mehr ich versuchte, Entschuldigungen dafür zu finden, warum ich das nicht tun könnte, desto stärker wurde dieser

Auftrag bestätigt. Es kamen plötzlich Einladungen von überall her zu Diensten in den unterschiedlichsten Gruppen. Oft war ich bei Treffen der »Geschäftsleute des vollen Evangeliums«, wodurch viele neue Kontakte entstanden. Obschon Gott meinen Dienst segnete und zu den Versammlungen und Konferenzen, auf denen ich sprach, Gnade gab, merkte ich, daß diese Versammlungen usw. oft nur der vordergründige Teil meines Dienstes waren.

Viel wichtiger wurde mir, den Verantwortlichen und Leitern der einzelnen Arbeiten zu dienen und ihnen persönlich weiterzuhelfen. Viele Fragen wurden gestellt, Nöte offenbart und Einsamkeit eingestanden. Da ich das alles auch kannte und vieles genauso schmerzlich erfahren hatte, oft aber niemand dagewesen war, mit dem ich sprechen konnte, war es mir ein Bedürfnis, meinen Brüdern zu helfen und ihnen zur Seite zu stehen. So entstanden tiefe Freundschaftsbeziehungen, die mir heute besonders wertvoll sind, weil ich dadurch ebenfalls in ein Netz von verantwortlichen Reichgottesarbeitern miteingebunden bin.

Zusätzliche Aufgaben

Da wir schon lange Zeit gute, persönliche Beziehungen zur »Odenwälder Heidenmission« und ihrem Missionsleiter Peter Aßmus hatten, veranstalteten wir ab 1976 einmal jährlich eine gemeinsame süddeutsche Missionskonferenz. Eines Tages kam Peter zu mir und erzählte von einem Zusammenschluß verschiedener Missionswerke, der vor vielen Jahren zum Zweck gegenseitiger Unterstützung und Korrektur geschaffen worden war. Da der Leiter dieses Bundes verstorben war, hatten die Brüder Peter Aßmus beauftragt, mich zu bitten, dieses Amt zu übernehmen. Zuerst bat ich Peter, dies alles auch meinen Mitarbeitern zu sagen, da ich diese Aufgabe nur mit ihrer vollkommenen

Unterstützung annehmen würde. Innerlich hatte ich allerdings gehofft, daß meine Mitarbeiter durch diesen Schachzug nein sagen würden, da sie wußten, daß das ja noch mehr Arbeit für uns alle bedeuten würde.

Wieder wußte ich um den Auftrag, den Gott gegeben hatte, und versuchte trotzdem, ihn wegzuschieben. Nicht aus Ungehorsam, sondern weil ich mich für diese Aufgabe unfähig fühlte. Es war mir klar: Wenn ich ja sage, kann es nicht bei dem Bund dieser Missionswerke bleiben, sondern Gott wird diese Sache als Sprungbrett für etwas ganz Neues verwenden.

So trug also Peter meinen Mitarbeitern vor, was er und die Brüder dieser Missionswerke beschlossen hatten. Ich unterstrich seine Aussagen kräftig und erwähnte, daß dieses Amt von mir, und damit auch automatisch von ihnen, viel Kraft und Zeit erfordern würde. Dann bat ich sie, darüber zu beten und mir dann ihre Gedanken über diese Angelegenheit zu sagen. Es ging nicht lange, und obwohl ich eine Frist von vier Wochen gesetzt hatte, kamen schnell die ersten Reaktionen.

Alle meine engeren Mitarbeiter, die von dieser Sache informiert worden waren, rieten mir zu. Nicht aus Begeisterung, sondern jeder einzelne hatte seine Antwort im Gebet erhalten. Einer durch ein Bibelwort, der andere durch einen inneren Eindruck, wieder ein anderer durch ein Bild, das er im Gebet bekam, und so weiter. Alle sagten mir, daß diese Aufgabe ein weiterer Schritt sei, den Gott für mein Leben vorgesehen hatte, und sie mich darin voll unterstützen würden.

Zur Leiterschaft berufen

Kurz darauf fuhren wir zu einem der deutschen Leiterschaftstreffen von »Jugend mit einer Mission«. Über hundert Personen waren da, und wir hatten eine sehr schöne Zeit. Während einer der Versammlungen bekam einer der Konferenzleiter einen Zettel, auf dem jemand der Teilnehmer ein Bild beschrieb, das er im Gebet bekommen hatte. Diese Person wurde dann nach vorn geholt, um das Bild allen mitzuteilen.

Es sprach von einem Mann, der zur Leiterschaft berufen war, aber Schwierigkeiten hatte, das zu akzeptieren. Keith Warrington, der diesen Zettel bekommen hatte und die Konferenz leitete, sagte sofort zu mir: »Hermann, das gilt dir.« Dann ging es Schlag auf Schlag. Einer der Konferenzredner gab einen göttlichen Eindruck weiter, der ebenfalls in die gleiche Richtung ging. Das Ergebnis war, daß ich nach vorn geholt wurde, um für einen Dienst unter Leitern eingesegnet zu werden. Nun kapitulierte ich vor Gott und nahm seinen Weg für mich an.

Über die Jahre hinweg sind diese Kontakte, Treffen und Dienste weiter gewachsen und ich empfinde, daß Gott noch sehr viel mehr auf dieser Ebene tun möchte. Er geht langsam, aber stetig vorwärts und baut Beziehungen und Freundschaften unter den Verantwortlichen seines Reiches auf. Oft ist das nicht einfach, denn wir alle haben unseren Hintergrund, unser theologisches und gemeindliches Gepräge und unsere speziellen Erkenntnisse. Dennoch fällt auf, daß gerade in unserer Zeit viele Beziehungen geknüpft werden und die Einheit des gesamten Leibes Jesu wieder neu entdeckt wird. Jesus, der Mittelpunkt unseres Lebens und Dienstes, wird dann wichtiger als unsere Erkenntnisse und unser Wissen. Paulus sagt: »Unser Wissen ist Stückwerk« (1.Korinther 13, 9). Dies gilt es immer wieder neu zu erkennen und zu verstehen, daß der Bruder oder die Schwester oft das andere Stück der Erkenntnis hat. So können wir uns gegenseitig ergänzen und einander dienen. Auch die verschiedenen Dienstaufgaben nach Epheser 4 werden durch solche Treffen und Beziehungen wieder neu entdeckt und aktiviert. Der Herr hat auch heute noch Apostel, Propheten, Evangelisten, Hirten und Lehrer in seinem Reich gesetzt, deren Dienste dem Bau des Leibes Jesu dienen. Nur müssen wir erkennen, daß sich diese Dienste nicht nur in einer Organisation abspielen, sondern im gesamten Reich Gottes.

Das geheime Leben mit Gott und die Erfahrungen mit den Geistesgaben

Wenn ich so zurückschaue über die Jahre, die ich nun schon im Reich Gottes mitarbeiten darf, und sehe, welche Gnade der Herr geschenkt hat, daß die Arbeit wachsen und gedeihen konnte, werde ich immer wieder an die Wurzeln erinnert. Was waren die entscheidenden Faktoren? Oft werden wir nach dem Geheimnis der Arbeit gefragt. War es unser Können und Wollen? War es unser Einsatz und unsere Leistung? Waren es die günstigen Umstände? Ganz bestimmt hat all das dazu beigetragen, aber es war nicht entscheidend.

Eine Armee von Betern

Die Wurzeln des Werks liegen im Gebet. Schon im Leben meiner Mutter sah ich dieses Geheimnis des Gebets, auch wenn ich es noch nicht richtig verstand. Später lernte ich dann, wie bereits berichtet, bei Bruder Keck auf den Knien das Beten. Ganz früh in der Entwicklung bat ich selbst Gott um Beter für unser entstehendes Missionswerk. Da waren zum einen die drei jungen Frauen, die jeden Mittwochabend beteten. Ganz bewußt hatte ich sie für diesen Gebetsdienst eingesegnet, nachdem mir klargeworden war, daß sie eine besondere Berufung für das Gebet hatten. Wieviele Stunden haben sie in all den Jahren gerungen und gekämpft, damit wir alle Klippen umschiffen und alle Engpässe überwinden konnten. Schwierigkeiten, widrige Umstände, die Frage der Finanzen, die Formung der einzelnen Mitarbeiter und tausend andere Dinge wurden von ihnen vor den Thron Gottes getragen. Wie oft war nur das Gebet unsere letzte Rettung, der rettende Strohhalm in der Nacht der Hoffnungslosigkeit.

Später, als die Arbeit immer größer wurde, erkannte ich, daß es an der Zeit war, eine ganze Armee von Betern zu rufen. Mir wurde von Gott eine gewaltige Frauenarbeit gezeigt, die, gleich einem erwachenden Riesen, das Land einnahm. Auch diese Schau wurde Wirklichkeit, und es entstanden spezielle Frauengebetsgruppen. Sie beten für mich und meinen Auftrag, für das ganze Werk, für alle christlichen Gruppen und Gemeinden, für unser Land mit all seinen Nöten, für die Mission und für vieles andere mehr.

Wieviel durch diese Gebete ausgelöst wurde, werden wir vielleicht erst in der Ewigkeit in voller Tragweite erkennen können. Solange Menschen beten, gibt Gott Gnade und hält Gerichte zurück. Auch ist das Gebet die einzige Möglichkeit, daß wir wirklich im Willen Gottes bleiben, und nicht unsere eigenen Wege gehen, indem wir unseren eigenen Ideen nachlaufen. Wir stehen oft in der Gefahr, nach Umständen oder momentanen Situationen zu urteilen, und lassen uns von irgendwelchen Äußerlichkeiten blenden. Josua schaute auf die Kleidung und das Aussehen der Gibeoniter und vergaß, den Herrn zu fragen (Josua 9). Erst als dann der Bund mit diesem Volk geschlossen worden war, erkannte er, daß die äußeren Umstände ihn betrogen hatten, und so hatte das Volk Israel ständig Probleme mit ihnen.

Geistlicher Durchblick

Auch beim Einsetzen von Mitarbeitern ist es mir sehr wichtig geworden, von Gott zu erfahren, was er mit den einzelnen vorhat. Wenn ich das weiß, kann ich Menschen entsprechend einsetzen und von dieser Gesamtzielsetzung her die einzelnen Nahziele in der Ausbildung dieses Menschen planen. Natürlich ist es auch entscheidend, ob diese Person treu bleibt und ehrlich den Weg Gottes gehen will. Aber nur wenn ich weiß, welche Berufung Gott dem einzelnen gegeben hat, kann er gezielt gefördert und ausgebildet werden.

Diese Praxis hat mir Mut gemacht, mit einer ganz jungen Mannschaft von Teenagern die JMS-Arbeit zu beginnen. Jeden einzelnen von ihnen, ob Junge oder Mädchen, habe ich mir von Gott konkret erbeten. Einige kamen aus der Chorarbeit und der Jugendgruppe, die bereits vor Beginn des Altensteiger Werks bestanden hatten. Andere wurden von außerhalb herzugeführt. Einige kamen aus Gemeinden, andere aus freien Jugendkreisen und ähnlichen Gruppen. Doch jeder von ihnen wurde, genauso wie es Gott in der prophetischen Rede des indischen Bruders versprochen hatte, in den Schwarzwald geführt, ohne daß ich ihn gerufen hätte.

Mir war es dann wichtig zu wissen, welchen Platz und welche Aufgabe Gott ihm oder ihr in dem ganzen Werk zugedacht hatte. Wenn man das weiß, kann man auch die Rückschläge und die Enttäuschungen, die es immer gibt, richtig einordnen. Jesus konnte Petrus seine Verleugnung vergeben, weil er dessen ehrliches Herz und den weiteren Verlauf seines Lebens kannte.

Je größer unsere Verantwortung im Reich Gottes und damit auch für andere Menschen wird, desto mehr sollten wir dieses geheime Leben mit Gott suchen und pflegen. Wenn wir Gottes Gedanken und Zielsetzungen kennen, können wir andere führen und leiten und ihnen helfen, ihren Platz im Reich Gottes zu erkennen. Außerdem ist es meine Erfahrung, daß aus diesem geheimen Leben mit Gott die Inspiration für neue Wege und Aufträge kommt, die uns in der Sache Gottes aktuell sein lassen. Gott, der Herr, hat für jedes Zeitalter der Geschichte seinen besonderen Weg, wie er Menschen erreichen und sein Reich bauen will. Die Botschaft bleibt gleich, aber die Form und die Methode, wie wir diese Botschaft unter die Menschen bringen, gilt es immer wieder neu bei Gott im Gebet zu erfragen.

In Psalm 103, 7 heißt es: »Er hat seine Wege Mose wissen lassen, und die Kinder Israel sahen sein Tun.« Es ist ein großer Unterschied, ob wir Gottes Wege wissen oder sein Tun nur beobachten. Wer Gottes Wege weiß, versteht seine Strategie und kann erkennen, warum er das eine tut und das andere läßt. Gott möchte uns zu Staatsmännern in seinem Reich machen, die seine Strategien kennen und nicht nur für heute und morgen denken. Menschen, die von Gott eine Vision empfangen haben, müssen vorausdenken und heute schon im Morgen leben. Dann können sie sicher auftreten und Orientierung geben, wo Orientierungslosigkeit herrscht und Unsicherheit die Menschen bestimmt.

Erfahrungen mit dem Sprechen in anderen Sprachen

Eine weitere Auswirkung dieses verborgenen Lebens mit Gott ist eine Erfahrung mit den Charismen, den Gnadengaben Gottes. Im Hebräerbrief, Kapitel 4, Vers 16 lesen wir: »Darum lasset uns hinzutreten mit Freudigkeit zu dem Thron der Gnade, auf daß wir Barmherzigkeit empfangen und Gnade finden auf die Zeit, wenn uns Hilfe not sein wird.« Durch die intensive Beziehung, die wir mit Gott in unserem Gebetsleben pflegen, schaffen wir die Voraussetzung, daß er uns in Zeiten der Not und Bedrängnis helfen kann. Jemand sagte eimal: »Wenn wir im Schützengraben unser Gewehr erst laden, wenn der Feind schon angreift, dann ist es zu spät.« Wir müssen ständig zum Kampf bereit sein. Gerade wenn es um die Charismen geht, stößt man immer wieder auf viel Angst, Vorurteile, Unwissenheit und verdrehte Lehrmeinungen.

In diesem Buch habe ich dennoch von den einzelnen Erfahrungen mit den Gaben des Geistes berichtet, da sie für uns greifbare Realität wurden. Im folgenden sollen nun noch einige Beispiele über die Erlebnisse mit dem Reden in anderen Sprachen folgen. Vielleicht können sie einigen Lesern Mut machen, sich selbst für diese Gabe zu öffnen.

Wie ich bereits aus meiner Berliner Zeit erzählt habe, erlebte ich als junger, unerfahrener Prediger, wie mir in einer großen Not durch das Sprechen in anderen Sprachen Hilfe zuteil wurde. Damals sah ich, daß der Herr durch seinen Geist einem Menschen Sprachen geben kann, die auch von anderen Menschen verstanden werden. Diese Erfahrung durfte ich dann im Lauf der Jahre noch öfter machen.

Das nächste Mal erlebte ich dieses Phänomen anläßlich einer Familienfreizeit, die wir ganz am Anfang meiner Zeit im Schwarzwald hatten. Während einer Gebetszeit offenbarte sich der Herr auf vielfältige Art und Weise. Mir wurde eine Botschaft in anderen Sprachen und die dazugehörige Auslegung geschenkt. Der Pastor, der mit mir zusammen die Freizeit leitete, sagte, daß die von mir gesprochene Sprache Altgermanisch gewesen wäre. Da er sich früher mit dieser Sprache auseinandergesetzt hatte, konnte er jedes Wort verstehen und bestätigen, daß die Auslegung absolut korrekt war.

Ein anderes Mal erlebte ich dies während eines normalen Sonntagsgottesdienstes. In der Anbetungszeit schenkte der Herr mir ebenfalls einen Gesang in Sprachen und die dazugehörige Auslegung. Am Schluß des Gottesdienstes kam eine Schwester nach vorn und fragte, ob ich denn wisse, in welcher Sprache ich gesungen hätte. Natürlich hatte ich keine Ahnung. Da sagte sie mir, daß es Russisch gewesen wäre, und zwar ein Psalmengesang, den sie früher in der russisch-orthodoxen Kirche ebenfalls gesungen habe.

Ein weiteres Erlebnis, ebenfalls mit der russischen Sprache, machte ich viele Jahre später während eines Dienstes im Hamburg. Die Vorgeschichte, die ich erst später erfahren habe, war folgende: Im Gottesdienst saß eine Frau, die mit den Geistesgaben und dem Reden in anderen Sprachen Probleme hatte. Obwohl sie um diese Wahrheiten wußte, wurde sie von Zweifeln und Ängsten hin und her geworfen. Weil sie schon so viel Negatives darüber gehört hatte, wußte sie nicht mehr, was sie glauben sollte. So bat sie Gott während dieses Gottesdienstes um Klarheit in der Frage der Geistesgaben.

Bald darauf gab mir der Herr in der Gebetszeit eine Sprachenrede mit Auslegung. Voller Freude kam diese Frau am Ende des Gottesdienstes auf mich zu und erzählte mir diese Geschichte. Gott, der Herr, hatte ihr Gebet erhört, denn ich hatte russisch gesprochen, und sie hatte jedes Wort davon verstanden. Auch die Auslegung wäre so perfekt gewesen, daß sie nur loben und preisen könnte, wie persönlich Gott auf ihre Nöte eingegangen sei.

Eine letzte Erfahrung auf diesem Gebiet, die ich weitergeben möchte, erlebte ich mit den leitenden Brüdern von »Jugend mit einer Mission«. Wir waren anläßlich einer deutschen Leiterschaftskonferenz in Meinerzhagen zusammengekommen, um als kleiner Kreis der Konferenzverantwortlichen miteinander zu beten.

Einer der Leiter von »Jugend mit einer Mission« erzählte, daß er ein großes Problem mitgebracht hätte und von Gott unbedingt eine ganz konkrete Antwort brauchte. Was das Problem war, sagte er uns jedoch nicht, sondern bat uns, einfach für ihn zu beten. Wir beteten eine Zeitlang für ihn, dann sagte jeder von uns seinen Eindruck. Er hörte sich alles an und meinte, daß es noch nicht die Antwort auf seine Fragen wäre und ob wir nicht noch weiterbeten könnten. Wir taten das, und ich wurde plötzlich gedrängt, in anderen Sprache zu beten. Plötzlich fing er an, Gott zu danken und seine Treue zu preisen. Was war passiert? Ich hatte französisch gesprochen, und in dieser Rede bekam er die konkrete Antwort, die er erbeten hatte. Französisch war ihm vertraut wie die Muttersprache, und so hatte ihm Gott auf diese Weise geholfen.

Zum Schluß all dieser Erfahrungen möchte ich betonen, daß ich keinerlei Fremdsprachen beherrsche und von daher jede Manipulation ausgeschlossen war. Was ich aber aus tiefstem Herzen glaube, ist, daß Jesus Christus gestern, heute und in Ewigkeit derselbe ist, und daß wir auch heute noch mit all seinen Gaben und Ausrüstungen zum Dienst rechnen dürfen.

Außenstationen
und viele neue Kontakte

Genauso wie es der Herr in den verschiedenen Bildern und
Visionen immer wieder gezeigt hatte, kamen plötzlich viele
Menschen mit uns in Kontakt. Wo wir vorher in unserem
kleinen Schwarzwaldstädtchen Altensteig allein und abge-
schieden waren, änderte sich dies auf einmal völlig. Oft
werde ich gefragt, warum Gott solch ein Werk an so einem
unbekannten, abgeschiedenen Platz entstehen läßt. Warum nicht irgendwo in einer Großstadt mit entsprechendem Einzugsgebiet und vielen Möglichkeiten?

Warum gerade im Schwarzwald?

Lange Zeit war das auch für mich immer wieder die Frage.
Ich wußte mich klar in den Schwarzwald geführt, hatte
aber keine Erklärung dafür. Erst vor kurzem, als ich im Gebet wieder einmal über diese Frage nachdachte, gab mir der
Herr selbst die Erklärung. Ich wurde weit zurückgeführt in
eine Zeit, wo viele Christen um ihres Glaubens willen verfolgt wurden. Da sie den evangelischen Glauben angenommen hatten, wurden sie aus ihrer Heimat vertrieben. Der
König von Württemberg, der selbst evangelisch war, ge-
währte diesen Menschen Zuflucht und siedelte sie in seinem Land an. So kamen viele dieser bewußten Christen in
unsere Gegend und streuten durch ihren Glauben und ihr
Gebet den Samen aus, der jetzt vor unseren Augen aufgeht
und Frucht bringt.

Als mir das klarwurde, habe ich versucht, in entsprechenden Büchern nachzuforschen, und fand diesen Sach-
verhalt bestätigt. Das zu wissen ist für uns alle ein großes

Geschenk, denn es zeigt uns, daß wir das ernten dürfen, was andere vor Jahren gesät haben. Somit werden wir aus der Gegenwart in das Wirken Gottes durch die Jahrhunderte hineingenommen. Dadurch sind wir und unser Tun nicht mehr so wichtig, sondern wir erkennen uns als kleines Glied in einer großen, von Gott geschmiedeten Kette. Diese Perspektive der Heilsgeschichte und der Ewigkeit ist von ungeheurer Bedeutung und sollte nie aus dem Auge gelassen werden. Durch diese Schau werden wir als heute lebende Christen ermutigt, unser Denken und Handeln nicht auf die Zeit und die Materie, sondern auf die Ewigkeit auszurichten. Unsere Freuden und Siege lassen uns dann nicht hochmütig werden, und unsere Niederlagen führen nicht zur Verzweiflung, weil wir wissen, daß unser Herr die Geschichte, in der wir stehen, längst vor uns begonnen hat und auch nach uns weiterführen wird.

Doch zurück zu unseren Kontakten. Wie gesagt, kamen plötzlich Menschen von überall her nach Altensteig. In dieser Zeit begannen wir auch eine ausgeprägte Freizeitarbeit, die heute von den Kindern bis zu den Senioren alle Altersgruppen umfaßt.

Das JMS Weinstadt

Durch eine dieser Freizeiten kamen wir in Kontakt mit Bruder Horst Deppe, der vor Jahren im Remstal Jugendliche, Drogenabhängige und gestrandete Menschen sammelte und ihnen Hilfe zuteil werden ließ. Durch einige Besuche und Gespräche entstand eine enge Beziehung zwischen Altensteig und dem Remstal. Durch Geben und Nehmen erlebten wir eine gegenseitige Befruchtung unserer Arbeiten.

Weil der Herr die Arbeit im Remstal ebenfalls reich segnete, wurde es der Weinstädter Jugendgruppe im Privathaus von Horst Deppe räumlich zu eng. Dort hatten sich die Jugendlichen bis zu diesem Zeitpunkt mehrmals in der Woche getroffen, doch nun wollten sie ein größeres Gebäude kaufen. Da die Remstaler Freunde bei dieser Gelegenheit auch eine gewisse rechtliche Struktur schaffen wollten, hielten sie es für besser, keinen eigenständigen Verein zu gründen, sondern sich dem JMS Altensteig anzuschließen. So wurde das JMS Weinstadt im Jahr 1978 geboren. Da in dem erworbenen Jugendhaus mehr Möglichkeiten vorhanden waren, konnte man die Jugend-, Kinder- und Jungschararbeit weiter ausbauen. Neben Jugendchor und Frauenarbeit entwickelte sich im Lauf der Jahre eine Erwachsenenarbeit, die dazu führte, daß seit April 1985 auch Sonntagmorgengottesdienste stattfinden.

Da Weinstadt bei Stuttgart liegt, unterscheidet sich die dortige Arbeit von der unsrigen im Schwarzwald, wo aufgrund der ländlichen Umgebung vieles anders ist. Gerade in den Jugendprogrammen sind diese Unterschiede oft sehr drastisch. Hierzu fällt mir eine lustige Erfahrung ein, die zum einen zeigt, daß es für unsere Weinstädter oft nicht einfach haben, zum anderen aber einmal mehr die Treue Gottes und seine Hilfe durch Geistesgaben unter Beweis stellt.

Begegnung mit Rockern

Es war an einem Samstagabend, als ich nach Weinstadt ins Jugendhaus eingeladen war, um die Jugendstunde zu halten. Kurz vor Beginn des Programms erzählten mir die Verantwortlichen, daß sie zur Zeit ein großes Problem mit jungen Rockern hätten, die immer wieder mitten in das Programm hineinplatzten und sich unmöglich benahmen. Sie meinten, daß ich durch meine Erfahrung in Berlin und in der Gefängnisarbeit vielleicht wisse, was zu tun sei.

Wir begannen die Jugendstunde wie gewohnt und sangen zuerst einige Lieder. Als wir dann dazu übergingen, mit

Chorussen Gott zu loben, kamen plötzlich etwa dreißig Rocker durch die Fenster herein und stürzten sich auf die Mädchen der Jugendgruppe. Sie pöbelten sie an und verursachten ein völliges Durcheinander. Ich gab einem neben mir stehenden Verantwortlichen zu verstehen, daß er das Singen weiterleiten sollte, und ging direkt auf einen der ungewollten Gäste zu. Ich sagte: »Wer ist euer Boß? Er soll sofort mit mir rausgehen. Ich habe ihm etwas zu sagen.«

Als der Anführer der Gruppe das vernahm, war er nicht bereit, dieser Aufforderung nachzukommen, da er nicht wußte, was ihn draußen erwartete. Es ging eine Zeitlang hin und her, dann meinte er, er komme zwar mit, aber nur mit der ganzen Bande. Damit war ich einverstanden, denn das war ja meine Absicht. So ging die ganze Meute mit in den vorderen Saal des Jugendhauses, und im hinteren Raum konnte das Jugendprogramm ungestört weiterlaufen. Was ich diesem Bandenboß allerdings jetzt sagen sollte, davon hatte ich noch keine Ahnung. Nach einem Stoßseufzer zum Himmel bekam ich spontan ein Wort der Erkenntnis und sagte zu ihm: »Was du dir am letzten Freitagabend um 20 Uhr geleistet hast wird dir das Genick brechen. Ich bin von Stammheim.« Als sie das Wort Stammheim hörten, das durch das dort befindliche Gefängnis, in dem bekannte Personen aus der Terrorszene inhaftiert sind, bekannt ist, bekamen sie es mit der Angst zu tun. Jetzt meldete sich der Chef der Gruppe energisch zu Wort und behauptete: »Das war ich gar nicht, am letzten Freitag, das war der da!« Dabei zeigte er auf einen seiner Kumpane. »Nein«, erwiderte ich, »wenn du der Boss bist, dann hast du die Verantwortung für alles, was deine Leute machen. Da gibt es keine Entschuldigung!« Damit war er überhaupt nicht einverstanden und versuchte, nun auch andere in der Gruppe zu beschuldigen. Nun begannen sie sich gegenseitig für Dinge anzuklagen, die an jenem Freitagabend geschehen waren und von denen ich keine Ahnung hatte. Erst durch ihr aufgebrachtes Durcheinandersprechen bekam ich mit, um was es sich gehandelt hatte.

Ich hörte mir alle Entschuldigungen an und sagte dann zu ihnen: »Für heute will ich noch einmal ein Auge zudrücken, aber nur, wenn ihr mir versprecht, diese Gruppe in Ruhe zu lassen und nie wieder zu stören. Ihr könnt kommen, aber ihr müßt vernünftig sein und euch anders benehmen.«

Mit großer Erleichterung zogen sie ab. Fast glaubte ich, die Steine zu hören, die ihnen vom Herz fielen. Als ich wieder in den Saal zurückging, in dem das Jugendprogramm lief, mußte ich einmal mehr über den Humor Gottes schmunzeln.

Nach einiger Zeit, als ich wieder in dieser Jugendgruppe war, erfuhr ich, daß inzwischen einige aus dieser Bande an den Programmen teilnahmen. Als sie merkten, daß dieser Hermann Riefle zwar aus Stammheim kommt, aber ein ganz harmloser Mensch ist, haben wir zusammen herzlich gelacht.

Weitere Beziehungen

Neben dieser Weinstädter Gruppe entstanden noch einige andere Außenstationen, die teils organisatorisch, teils durch enge Beziehungen mit uns verbunden sind. Das Wichtigste für uns ist die persönliche Beziehung und die Freundschaft, die wir inzwischen mit vielen Gruppen und Kreisen in Kirchen, Freikirchen und freien Missionswerken haben dürfen.

Neben den Kontakten mit christlichen Werken und ihren Leitern entdeckte ich, daß mir der Herr viele Beziehungen zu Geschäftsleuten gab, die ihre Firmen bewußt als Christen führen möchten. Über sie kamen auch ungläubige Firmeninhaber zu einer persönlichen Beziehung mit Jesus, und ich sah, wie sich bei mir ein besonderer Dienst unter Geschäftsleuten entwickelte.

Dabei ging es aber nicht allein um die Verkündigung des Evangeliums, sondern auch um die Beratung bei Problemen und in der Mitarbeiterführung. Zwar sah ich, wie Gott mir diese Beziehungen schenkte, doch ich erkannte lange nicht, wo die Ursache dafür lag. Erst vor kurzem kam mir wieder eine Erfahrung in den Sinn, die ich kurz nach meiner Bekehrung in Stuttgart gemacht hatte. Damals arbeitete ich eine Zeitlang in einem Lebensmittelgeschäft.

Es war zuerst gar nicht so einfach, diese Stelle zu bekommen, da diese Tätigkeit meiner Berufsausbildung als Möbelschreiner gar nicht entsprach. Meine spätere Chefin, eine Frau mit viel Humor, meinte, es gäbe vielleicht doch eine Gemeinsamkeit mit meinem früheren Beruf. Ich müßte eben vom Holzwurm zum Käsewurm überwechseln. Wenn ich dazu bereit wäre, wollte sie es mit mir versuchen. Über alle meine Erwartungen hinaus gab Gott mir in dieser Zeit Gnade bei der Arbeit und ganz besondere Gunst bei meinen Vorgesetzten. Da sie selbst keine Kinder hatten, kam es nach einigen Monaten so weit, daß sie mich gerne adoptieren wollten und ich später einmal das Geschäft bekommen sollte.

Für mich als junger Mann, der Zeit seines Lebens nichts besessen und unter der Armut seiner Familie gelitten hatte, war das eine gewaltige Versuchung. Auf der anderen Seite wußte ich schon um meinen Weg in die Reichgottesarbeit und stand somit zwischen zwei Fronten. In dieser Zerreißprobe sagte Gott zu mir: »Verzichte auf dieses Geschäft, du wirst es hundertfältig wiederbekommen.« Wie das gehen sollte, konnte ich zur damaligen Zeit nicht einmal ahnen. Doch jetzt erkenne ich, daß dieses Opfer ein Same war, der nun sichtbar aufgeht.

Das Gesetz von Saat und Ernte

Hier wird ein geistliches Grundgesetz sichtbar, das ich in all den Jahren als Reichgottesarbeiter immer wieder bestätigt fand: das Gesetz von Saat und Ernte. So wie wir im natürlichen Leben säen, um später ernten zu können, gibt es auch im geistlichen Leben Saat und Ernte. Oft fordert uns Gott auf, Dinge abzugeben und sie wie eine Saat in das Reich Gottes zu investieren. Dies kann Zeit, Geld, Kraft, Karriere und vieles andere mehr sein. Wenn wir dazu bereit sind, segnet uns Gott, und die Saat geht auf und bringt viel Frucht. Oft sehen wir diese Frucht erst viel später; manchmal auch gar nicht in diesem Leben. Ich bin davon überzeugt, daß wir auch manchen Segen ernten dürfen, für den andere Menschen die Saat gesät haben. Eines ist mir in meinem Dienst sehr wichtig geworden, was ich auch gern meinen Mitarbeitern sage: Im Reich Gottes wird nichts ohne Opfer geboren. Nur wo Menschen zu wirklichen Opfern bereit sind, kann Gottes Segen fließen. Neben der Tatsache, daß mit diesem Verzicht auf dieses Geschäft eine Saat für die Zukunft ausgestreut wurde, hatte ich dadurch auch Zeit, intensiv beim Bau des Gemeindehauses der »Volksmission« in Stuttgart-Zuffenhausen mitzuhelfen. Nachdem ich von morgens um sieben bis abends um sechs in der Firma war, habe ich viele Monate mit anderen zusammen bis spät in die Nacht an diesem Bau mitgearbeitet. Hierbei lernte ich durch meinen treuen Freund Josef Bodor und seine Frau Betty, die heute Hausmeister in diesem Gebäude sind, drei wichtige Dinge, die mir später in Altensteig von großem Nutzen waren:

1. Eine begonnene Arbeit auch bis zur Fertigstellung durchzuhalten.
2. Absolut sauber und korrekt zu arbeiten.
3. Treu an der Arbeit zu bleiben, auch wenn andere weglaufen und man zuletzt nur noch zu zweit oder ganz alleine ist.

Wunder der Bewahrung und Gottes Können als Baumeister

Wieder planten wir eine neues Gebäude. Es ging dabei um einen Erweiterungsbau des bestehenden Schulungszentrums. Dadurch sollten noch mehr Räumlichkeiten für die Schüler sowie einige neue Seminarräume geschaffen werden. Vor allem aber sollte die im Schulungszentrum enthaltene Mehrzweckhalle in eine Festhalle mit einer großen Bühne umgebaut werden. Diese Bühne sollte neben der Verwendung bei Musik- und Gesangsabenden, Anbetungs- und Segnungsgottesdiensten usw. schon die Voraussetzungen zur Verwendung als Übergangsstudio fürs kommende Fernsehprogramm haben. Die Pläne wurden erstellt — und normalerweise sollte man ja vor dem Bau eines Hauses alle Unterlagen zusammenhaben. Doch unser Gelände in der Bahnhofstraße in Altensteig war über Jahre hinweg eine einzige Baustelle. Ständig wurde irgend etwas neugebaut, umgebaut oder erweitert. Da wußten wir oft nicht, ob wir den »roten Punkt« vor oder nach der Fertigstellung bekommen würden. Normalerweise ja eigentlich vorher, aber was tut man, wenn dem nicht so ist...? Wir wissen nur eines: Heute stehen all diese Gebäude! Wie das möglich war? Vielleicht kann der Leser dieses Rätsel lösen.

Manchmal schrieben uns die verschiedenen Behörden »blaue Briefe«. Am Anfang haben wir sie geöffnet und gelesen. Später haben wir sie nur noch geschlossen mitgenommen und im Gebet miteinander gesegnet. Gott hatte Gnade zu unseren Unternehmungen gegeben, das wußten wir und vertrauten ihm, daß er uns helfen würde, alle Engpässe zu überwinden. Es ging ja nicht um menschliche Willkür oder Frechheit, sondern um den Bau des Reiches Gottes und die Ausführung des Auftrags, um den wir klar wußten. Manchmal erinnerten wir uns an die Aussagen der prophetischen Reden, die die beiden australischen Brüder im Jahr 1974 hatten. Wie hatte der Herr durch sie gesagt? »Es werden komische Wege sein, die ich dich in den nächsten Jahren führen will.« Auch das hat sich wahrhaftig erfüllt.

Einmal wurde ich gefragt: »Herr Riefle, woher haben Sie das Recht, so zu handeln, wie Sie es in Altensteig getan haben, und in welchem Auftrag und aus welchem Geist machen Sie das?« Der Herr gab mir spontan die Antwort darauf: »Der Gott, der dem Menschen die Zehn Gebote gab und somit die Grundlage für alle Gesetze schuf, erlaubt mir, mit ihm direkt zu verhandeln. Wenn ich weiß, was er will, kann ich sicher vorangehen.«

An dieser Stelle möchte ich die Gelegenheit nutzen und allen Behörden danken, die Verständnis für mein Handeln aufbrachten, uns ihre Gunst schenkten und bereit waren, uns zu helfen. Es geht darum, das Wohl der Stadt und ihrer Menschen zu suchen (Jeremia 29, 7). Es ist unser Wunsch, Gebet und Glaube, daß durch diesen internationalen Auftrag die Stadt Altensteig und die ganze Umgebung gesegnet wird.

Der steckengebliebene Bagger

So waren wir also wieder am Bauen. Ein Freund aus der Schweiz, der ein Bauunternehmen hat, baggerte uns den Berg hinter dem Schulungszentrum ab. Von der Straße oberhalb des Gebäudes konnte der Bagger anfahren und hatte inzwischen eine Baugrube von etwa siebzehn Meter Tiefe und fünfunddreißig Meter Länge gegraben. Aufgrund der Wetterlage und der sich im Berg befindenden Quellen war das Erdreich aufgeweicht, und der Berg fing oberhalb der Baugrube an abzurutschen. Der Bagger stand unten und kam nicht mehr heraus. Nach vorn hin versperrte das Schulungszentrum den Weg, und nach oben konnte er wegen dem Erdrutsch auch nicht mehr. Wir wußten uns nicht mehr zu helfen. Unseren Schweizer Freunden ging es ebenso. Ob Ingenieur oder Bauunternehmer, keiner wußte einen Rat. So stand die Maschine fast zehn Tage lang in der Baugrube. Uns blieb nichts anderes übrig, als in diesen Tagen immer wieder einmal mit einigen Mitarbeitern an Ort und Stelle mit erhobenen Händen Gott um Hilfe zu bitten, denn das Unternehmen mußte weitergehen. Nach neun Tagen bekam ich in der Nacht von Freitag auf Samstag einen Traum. Ich sah die Baugrube mit dem Bagger und konnte erkennen, wie die Maschine im Zickzackkurs durch Jonglieren mit der Kraft der Maschine und der Schaufel sich Stück für Stück nach oben bewegte. Ganz genau konnte ich den Weg verfolgen, den das Fahrzeug nahm. Als ich erwachte, griff ich nach einem Stück Papier, um das eben Geträumte aufzuzeichnen. Dankbar schlief ich daraufhin wieder ein. Am anderen Morgen entdeckte meine Frau dieses Blatt und fragte, was für eine komische Zeichnung das wäre. »Oh«, sagte ich, »das ist die Lösung für unser Problem mit dem Bagger, der in der Baugrube steht.«

Nachdem dieses Wochenende vorbei war, kamen Montag früh wieder unsere Schweizer Freunde und erklärten mir, wie sie den Bagger aus dem Loch bekommen wollten. Ich sagte ihnen: »Das wird nicht klappen, denn wir haben diese Möglichkeit schon ausprobiert. Aber jetzt sage ich euch, wie wir es machen.« Sie schauten sich meine Zeichnung an und meinten: »Hermann, als Fachleute müssen wir dir sagen, daß das total verrückt ist. Weil wir aber wissen, daß du es geträumt hast, und glauben, daß du ein Mann Gottes bist, wollen wir es wagen, so zu fahren.«

Acht Stunden lang habe ich dann entsprechend meinem Traum den Fahrer mit seiner Maschine dirigiert, dann stand der Bagger oben an der Straße. Wie treu ist doch Gott in all seinen Wegen!

Gottes Hilfe beim Betonieren

Ein weiteres Wunder, das wir während der Bauzeit miteinander erlebten, soll ebenfalls die Realität Gottes bezeugen.

Weil wir Geld sparen wollten, führten wir bei allen Gebäuden den Innenausbau, zum Teil sogar die Betonarbeiten selbst durch. Mit einer ganzen Mannschaft hatten wir auch dieses Mal die Schalung für eine Mauer errichtet und warteten auf den Betonwagen, der uns den flüssigen Beton über eine Rutsche und verschiedene Rohre direkt in die Schalung leiten sollte. Alle Helfer standen an der Schalung, und jeder hatte seinen ihm speziell zugewiesenen Platz eingenommen. Es ging darum, den Beton richtig zu verteilen. Dann kam der Betonmischer. Nachdem er noch einige Male gemischt hatte, floß die Masse in die Schalung. Plötzlich rann der Beton an einer Stelle heraus, und die ganze Schalung verschob sich.

Eigentlich war nichts mehr zu machen, und man konnte nur warten, bis die ganze Konstruktion auseinanderbrach. In meiner Verzweiflung gebot ich vor der ganzen Mannschaft dem Beton stehenzubleiben. Mit Staunen sahen wir, wie sich vor unseren Augen die Schalung wieder zurechtrückte und der Beton stand. Wenn wir nicht alle dabei gewesen wären, wäre es uns bestimmt wie ein Märchen vorgekommen. Doch wieder einmal hatte unser Herr wohl durch seine Engel in das Baugeschehen eingegriffen.

Christliche Medien aus Altensteig

Es war im Jahr 1982, als Pastor Gerhard Klemm anläßlich einer Tagung von seiner Sicht einer zukünftigen Fernseharbeit in der Bundersrepublik sprach. Einer meiner Mitarbeiter, der das hörte und seit 1977 um unseren Auftrag in der Fernseharbeit wußte, lud ihn nach Altensteig ein. So saßen wir uns einige Tage später in meinem Büro gegenüber.

Nachdem wir kurz über einige allgemeine Dinge gesprochen hatten, sagte er mir, was in seinem Herzen war. Er erzählte, daß er seinen Gemeindedienst in Bremen nicht einfach aus persönlichen Erwägungen aufgegeben hätte, sondern von Gott klar weggerufen worden wäre, mit der Zielsetzung, nach Kanada zu gehen, um sich dort in einer christlichen Fernsehstation ausbilden zu lassen. Auf interessante Art und Weise hatte Gott nun diesen Weg bestätigt und ihn nach Toronto zu 100 Huntley-Street geführt. Dort war er inzwischen für eine christliche Talk-Show verantwortlich, die er seit längerer Zeit ebenfalls moderierte. Er erzählte weiter, daß er schon immer wußte, daß diese Arbeit in Kanada die Lernphase für eine zukünftige christliche Fernseharbeit in Europa wäre. Jetzt sei es an der Zeit, in Europa mit christlichen Fernsehsendungen zu beginnen. Er reiste nun durchs Land, um die verschiedenen Gruppen und Gemeinden zu besuchen und ihnen dieses Anliegen nahezubringen. Als ich das alles hörte, jubelte mein Herz, und ich erzählte Gerhard von meinem Auftrag, den ich in Japan im Jahr 1977 erhalten hatte. Schnell stellten wir fest, daß unsere beiden Aufträge auf das gleiche Ziel ausgerichtet waren. Es ging darum, ein christliches Fernsehprogramm ins Leben zu rufen. Voller Begeisterung schauten wir miteinander den Erweiterungsbau unseres Schulungszentrums an, der zu dieser Zeit kurz vor der Vollendung stand. Ich erklärte Gerhard, daß ich darin eine große

Bühne haben wollte, die bereits mit den entsprechenden Voraussetzungen für Fernsehaufnahmen ausgestattet sein sollte. Obwohl ich bei Baubeginn nicht wußte, wie ich es anstellen sollte, ein christliches Fernsehprogramm auf die Beine zu stellen, hatte ich doch den Auftrag und die Zusage Gottes, daß er für diese Aufgabe zur richtigen Zeit die richtigen Leute schicken würde. Nun war Gerhard Klemm da, und ich wußte, es ist die richtige Zeit und auch der richtige Mann, den Gott geschickt hatte. Wieder einmal staunte ich über die Führung des Herrn. Nach diesem Gespräch versuchten wir, diesen Erweiterungsbau möglichst rasch fertigzustellen, weil wir wußten, daß er schon bald gebraucht würde.

Die ersten Fernsehsendungen

Kurz danach wurden die ersten Fernsehsendungen in Altensteig aufgezeichnet, die von Gerhard Klemm als Produzent und Moderator ausgearbeitet wurden. Von einer christlichen Fernseharbeit in Schweden kam ein Übertragungswagen mit der entsprechenden technischen Einrichtung und nahm diese anfänglichen Talk-Shows und Musiksendungen auf. Mehrere Male in den Jahren 1982 und 1983 entstanden Sendungen, die in Kanada für deutschsprachige Zuschauer ausgestrahlt wurden. Außerdem waren es aber auch schon die Vorbereitungen für das sich inzwischen abzeichnende erste Kabelprojekt im Raum Ludwigshafen-Mannheim. Wir freuten uns sehr über diese Anfänge und versuchten im Gebet zu erkennen, wie Gott in diesem Fernsehauftrag weiterführen wollte.

Mir persönlich war es wichtig zu wissen, ob nun die Stunde Gottes gekommen wäre, um den Bau eines professionellen Studios für christliche Sendungen konkret anzupacken. Zwar sah man, wie alles sich in diese Richtung entwickelte, dennoch brauchte ich Gewißheit, daß es nicht zu früh war.

In einer Gebetszeit Anfang 1984 wurde mir klar, daß es soweit ist. Innerlich war mir, wie wenn der Herr persönlich den Startschuß dafür gegeben hätte. Früher, als ich noch ein Einzelgänger war, wäre ich daraufhin losgezogen und hätte die Sache angepackt, ohne irgend jemand zu fragen. Nun aber war es mir wichtig, daß meine engsten Mitarbeiter diese Schau teilten und von Gott selbst bestätigt bekamen. Gerade einige Tage später begann unsere Gebets- und Fastentagung für Mitarbeiter, die wir immer am Anfang des Jahres haben. In dieser Zeit wollen wir gemeinsam die Strategie Gottes für das vor uns liegende Jahr erkennen und uns miteinander auf seine Ziele ausrichten lassen. Dies war eine hervorragende Gelegenheit, den dort versammelten Mitarbeitern meine Gedanken weiterzugeben. Ich forderte sie auf, intensiv mit mir über den Fernsehauftrag zu beten und vor allen Dingen von Gott zu erfahren, ob die Zeit gekommen wäre, aktiv die Fernseharbeit aufzubauen.

Schon nach kurzer Zeit zeigte uns der Herr auf vielfältige Art und Weise seinen Willen. Bibelworte, Eindrücke, Bilder und andere Äußerungen des Heiligen Geistes bestätigten, was in meinem Herzen war. Dinge, die ich nicht ausgesprochen hatte, kamen nun über die Mitarbeiterschaft zur Sprache. Uns allen war klar, daß wir trotz der großen Herausforderung, die dieser Auftrag mit sich bringen würde, nicht zurückschrecken durften.

Interessant war auch, daß uns gerade in den Wochen und Monaten zuvor während unserer regelmäßigen, wöchentlichen Mitarbeiterbesprechung und den damit verbundenen Gebetszeiten deutlich geworden war, daß wir vor einer großen Herausforderung standen, die alles Bisherige übertreffen würde. Auch daran erinnerten wir uns in diesen Stunden des Gebets. Aber auch an die Zusage, daß der Herr mit uns sein würde und uns die Kraft und Freude für diesen

Auftrag geben wollte. Es wurde uns klar, daß wir in Zukunft noch enger zusammenstehen müßten, um als fest verbundene Mannschaft diesen Auftrag miteinander durchzuführen. Vor Gott nahm dann jeder im Gebet die gewaltige Herausforderung der zukünftigen Medienarbeit an. Danach empfanden wir einen tiefen Frieden und die Gegenwart Gottes in unserer Mitte. Jeder erkannte, daß diese Gebets- und Fastentage wieder ein Meilenstein in der Entwicklung des Werks waren.

Bald begannen wir mit der praktischen Durchführung und der Beratung über die ersten Schritte auf dem Weg zu diesem Ziel. Mit Helmut Hauser, der von Anfang an zu uns gehörte und inzwischen als selbständiger Architekt arbeitet, und einigen anderen Mitarbeitern machten wir uns an die Entwürfe für die Gebäude, in denen das Studio und die dazugehörigen Nebenräume untergebracht werden sollten. Es ging dabei um eine Kombination zwischen dem Schulungszentrum und dem danebenstehenden Wohnheim (ehemalige Pension mit der »Jerichogeschichte«). Diese Planung war sehr schwierig, denn es galt, dieses ältere Gebäude umzubauen und mit dem Schulungszentrum durch einen Zwischenbau zu verbinden. Wie schon oft in all den Jahren, die wir bauten, schenkte uns Gott auch dieses Mal bei der Planung seine Weisheit und Hilfe, so daß alle Probleme gelöst werden konnten. Als dann das Modell des zukünftigen Gebäudes auf dem Tisch stand, waren wir alle begeistert und freuten uns miteinander über das gute Ergebnis. Alles paßte harmonisch zusammen, und wir waren sicher, daß es die optimale Lösung für die räumlichen Gegebenheiten war. Während diese bauliche Seite vorangetrieben wurde, fiel Gerhard Kirschenmann und Wolfgang Wangler die Aufgabe zu, sich um die zukünftige Studioeinrichtung und die Geräte zu kümmern. Sie ließen sich beraten, holten Angebote ein und führten Gespräche mit Lieferanten und Fachleuten. Auch für sie war dies völliges

Neuland. Wir haben jedoch für sie gebetet und geglaubt, daß ihnen Gott für diese Aufgabe die erforderliche Weisheit gäbe. Einige Male kamen sie von solchen Gesprächen zurück und sagten, daß ihnen von all den technischen Daten und Erklärungen der Kopf brummte. Manchmal fragten mich andere Mitarbeiter, warum ich nicht zu solchen Verhandlungen mitginge. Aber ich wußte, daß der Herr sie recht führen würde und begleitete sie mit meinen Gebeten und meinem Glauben. Wenn wir heute zurückschauen, können wir sehen, daß alle Wege genau richtig waren und wir das gefunden haben, was genau zu unserem Auftrag paßt.

Die richtigen Mitarbeiter

Wie schon oft in der Entwicklung schickte Gott auch für die Beratung die richtigen Leute nach Altensteig, die uns immer zur rechten Zeit weiterhelfen konnten. Manchmal ging es dabei ganz interessant zu. Eines Tages lernten wir einen Mann kennen, der in Belgien in einem christlichen Fernsehstudio arbeitet und auf diesem Gebiet viel Erfahrung hat. Er versprach, uns bei diesem Auftrag zu unterstützen und uns mit seiner Erfahrung beim Kauf der Einrichtung zu helfen. Als es dann soweit war und die Entscheidung über die einzelnen Geräte getroffen werden sollte, war es Januar 1985. Da überall viel Schnee lag, konnte unser Freund aus Belgien nicht mit seinem Auto fahren und mußte mit dem Flugzeug kommen, um uns mit seinem Fachwissen zu helfen. Das war natürlich nicht ganz billig, und wir dachten: »Herr, kannst du uns denn nicht einen kompetenten Berater geben, der näher bei Altensteig wohnt?« So viele Details waren zu besprechen, und kaum war ein Problem gelöst, tauchte ein neues auf. Da kann man doch nicht jedes Mal einen Berater aus Belgien einfliegen lassen!

Jemand hatte uns in Stuttgart die Adresse von einer Person gegeben, die sich angeblich in diesem Bereich bestens auskannte. Sofort hatten wir versucht, Kontakt aufzunehmen, aber nie hatte es geklappt. Wenn wir telefonierten, war der Betreffende nicht zu erreichen, und auf unsere Briefe kam auch keine Antwort. Doch gerade in dieser Zeit, als wir um einen Berater baten, der näher bei Altensteig wohnt, wurden wir noch einmal auf diese Adresse aufmerksam gemacht. Wir riefen wieder an, und sofort war der Mann am Telefon. Er hörte sich unser Anliegen an und lud uns freundlich zu sich ein. Meine Mitarbeiter fuhren daraufhin zu fünft nach Stuttgart, um diesen Termin wahrzunehmen. Was sie nach ihrer Rückkehr erzählten, zeigte wieder einmal, daß wir auf dem richtigen Weg waren. Erstens, sahen sie dort ein Studio, das in den Dimensionen etwa dem entsprach, was wir für unser Fernsehstudio planten. Zweitens, standen dort Maschinen der gleichen Firma, für die auch wir uns entschieden hatten. Doch die Krönung der ganzen Sache war, daß sich herausstellte, daß der verantwortliche Mann für dieses Studio ein entschiedener Christ war, der mit großem Interesse verfolgte, was wir hier in Altensteig vorhatten. Als sich dann noch herausstellte, daß er hier in einem Nachbarort Verwandte hat und deshalb öfters nach Altensteig kommt, war die Freude vollkommen. Inzwischen haben wir von ihm schon viel Hilfe und Beratung bekommen und durften sehen, wie der Herr aufs beste für uns sorgt.

Eine GmbH wir gegründet

Eine weitere Frage, die uns seit dieser Gebetstagung im Januar '84 intensiv beschäftigte, war die Frage der Struktur. Bisher war unser Werk ein eingetragener, als gemeinnützig anerkannter Verein. In diesem neuen Medienbereich ging es jedoch um mehr als unsere Altensteiger Arbeit. Das Fernsehstudio sollte nicht nur für uns dasein, sondern allen christlichen Gruppen unseres Landes für das Aufzeichnen christlicher Programme zur Verfügung stehen. Außerdem zeichnete sich bald ab, daß es nicht allein ein Fernsehstudio sein würde, sondern daß als Beitrag der Arbeit von »Jugend mit einer Mission« auch noch ein Tonstudio dazukommen würde. Auch hier ging es darum, anderen Gruppen die Möglichkeit von Schallplatten- und Kassettenaufnahmen zu geben, und wir wußten, daß dazu ein Geschäftsbetrieb notwendig sein würde. Wieder fragten wir Gott im Gebet, wie er sich diesen zukünftigen Medienbetrieb vorstellte.

Plötzlich wurden wir von verschiedenen Seiten auf die Form einer GmbH hingewiesen. Innerlich wurden wir sicher, daß wir diesen Weg gehen sollten. Wir verfolgten ihn weiter und entschieden uns aufgrund verschiedener Führungen, Beratungen und Gesprächen zu der Rechtsform »GmbH mit angeschlossener stiller Gesellschaft«, bestehend aus Freunden unseres Werks, die diesen Medienauftrag verstanden und bereit waren, in diesen Arbeitszweig des Reiches Gottes zu investieren. Einige unserer Freunde hatten ganz konkrete Vorstellungen und halfen uns, die Konstellation dieser Firma zu entwickeln.

Bald konnten wir in dem Ergebnis klar und deutlich die Führung unseres Herrn erkennen. Zwar war es ein Weg, den wir bisher nie gegangen waren, aber war nicht auch der ganze Medienauftrag ein neuer Weg in unserem Land? Wieder bestätigte sich, was ich inzwischen gelernt hatte. Der Herr geht keinen Weg zweimal mit uns, so daß wir immer wieder neu in die persönliche Abhängigkeit geführt werden und ihm allein vertrauen müssen. So gründeten wir also Ende 1984 die »CMA Christliche Medien GmbH«, Altensteig. Bereits Anfang 1985 gaben wir die Studioeinrichtung in Auftrag, da wir wußten, daß die Herstellung der Geräte einige Monate Zeit brauchen würde. Zwar hatten wir damals noch kein Geld dafür, aber wir waren sicher, daß der Herr uns dies rechtzeitig geben würde.

Und genau so kam es. Als im Frühjahr 1985 eine Anzahlung in Höhe von einer halben Million fällig wurde, hatten wir diesen Betrag zusammen. Im September 1985 wurden die TV-Kameras, die Aufzeichnungsmaschinen und alles andere, was dazugehört, geliefert und konnte auch bezahlt werden. Gott hatte viele Freunde willig gemacht, Gesellschafter der CMA zu werden.

Dein sind Silber und Gold

Das war jedoch nur der Teil, der die Firma betraf. Auch für die Gebäude, die vom JMS erstellt wurden, brauchte es große finanzielle Aufwendungen. Manchmal wurde unser Glaube hart auf die Probe gestellt. Stimmt es wirklich, daß unserem Gott Gold und Silber gehört, wie es der Prophet Haggai im zweiten Kapitel sagt? Rechnungen über Rechnungen kamen für das Bauprojekt. Oft dachten wir, der Herr käme zu spät. Aber wenn das Geld manchmal auch erst in letzter Minute kam, es konnte immer alles bezahlt werden.

Hier bewährte sich unsere Mannschaft. Ich mußte nicht mehr allein glauben und beten, wie es ganz am Anfang des Werks war, sondern hatte nun Mitarbeiter, die genauso in diesem Auftrag standen und ihren Teil der Verantwortung trugen. Viele besondere Erlebnisse durften wir bis heute in diesem Abenteuer des Glaubens machen, auf das wir uns im Auftrag Gottes eingelassen hatten. Nicht alle können hier wiedergegeben werden, doch einige sollen als Zeugnis der Treue Gottes nun folgen.

Unvermittelt meldeten sich bei uns Freunde und Geschwister, die bereit waren, größere Geldbeträge für diese

Sache zu geben. Manchmal waren es Menschen, die wir noch nicht einmal persönlich kannten. Sie erzählten uns, daß sie plötzlich Geld bekommen hätten, mit dem sie gar nicht gerechnet hatten, und daß sie genau wußten, daß es für die Medienarbeit in Altensteig sein sollte. Andere verkauften Schmuck und andere Wertsachen, um diesen Auftrag zu unterstützen. Wieder andere sammelten bei ihren Freunden und Bekannten für den Altensteiger Medienauftrag. All diese großen und kleinen Erfahrungen machten uns immer wieder neu Mut, weiterzugehen und unserem Herrn für die notwendigen Bedürfnisse zu vertrauen. Doch trotz dieser positiven Zeichen kamen immer wieder Fragen wie: Wird es wirklich so weitergehen? Werden die gewaltigen Beträge, die noch gebraucht werden, auch rechtzeitig zusammenkommen?

Manchmal denken wir, wenn wir gewisse Erfahrungen mit Gott gemacht hätten, gäbe es keinen Zweifel mehr. Aber die Bibel zeigt uns ganz deutlich, daß wir immer in der Gefahr stehen, kleingläubig zu sein, und daß wir uns immer wieder neu zum Glauben an die Größe Gottes durchringen müssen. So war es auch in einer Situation, als ich in meiner persönlichen Gebetszeit über diesen Auftrag und die erforderlichen Geldbeträge betete. Ich fragte wieder: »Herr, welchen Weg willst du gehen?« Deutlich wurde mir klar, daß ich eine Aktion 500 mal 1000 ausrufen sollte. Das heißt, 500 Personen sollten sich bereiterklären, 1000 Mark für die Fernseharbeit zusammenzubringen. Dies sollte unser Teil sein, den wir mit unserem Freundeskreis zusammen zu tun hätten. Doch dann sprach der Herr weiter. Er selbst wollte bis zum 1. August 1985 für weitere 500.000 Mark sorgen. Wir begannen mit unserer Aktion und waren gleichzeitig gespannt, wie die Aktion Gottes aussehen würde.

Gott handelte dann genau so, wie wir es in der Apostelgeschichte 5, 34 lesen. Dort heißt es, daß die Gläubigen Grundstücke und Häuser verkauften, um damit der Sache

Jesu zu dienen. Im Mai des Jahres 1985 erhielten wir kurz vor Mitternacht einen Telefonanruf. Eine Schwester war am Apparat und sagte uns, daß sie uns ein Haus schenken wolle, das wir dann zu Gunsten der Medienarbeit verkaufen könnten.

Dann ging alles sehr schnell. Innerhalb einiger Tage hatten wir einen Termin beim Notar, und das Haus gehörte uns. Nun war jedoch die Frage: Wie verkaufen wir es, und wie finden wir den richtigen Käufer? Aber auch da hatte unser Herr schon alles bestens vorbereitet. Nach wenigen Wochen war die Sache perfekt, und wir hatten die Zusage des Käufers, daß wir den ganzen Kaufpreis in Höhe von 500.000 Mark am 1. August auf unserem Konto hätten. Wie genau ist doch die Planung unseres Gottes! Genau wie er uns versprochen hatte, löste er am 1. August seinen Teil dieser Aktion ein. Wir konnten die Treue und Gnade unseres Herrn nur wieder neu bestaunen und ihn anbeten. Er gibt nicht nur den Auftrag, er sorgt auch für die Mittel und Personen, die für die Ausführung des Auftrags benötigt werden.

Da es in unserem Land bisher keine privaten Fernsehprogramme gab, und besonders in christlichen Kreisen keine Erfahrungen auf diesem Gebiet vorlagen, war es für uns ein großes Gebetsanliegen, die richtigen Mitarbeiter für diesen Medienauftrag zu entdecken. Gott hatte schon am Anfang des Werks versprochen, daß er uns zu jedem Auftrag die Menschen schicken wollte und wir keinen suchen müßten. So beteten wir miteinander intensiv für die neuen Fernsehmitarbeiter. Bald darauf kam der erste auf uns zu. Ein junger Mann, der vor Jahren in unserem Werk seinen Zivildienst abgeleistet hatte und danach an verschiedenen Missionseinsätzen von »Jugend mit einer Mission« teilnahm. Er hatte Radio- und Fernsehtechnik gelernt und wußte sich von Gott in die Fernseharbeit gerufen. Deshalb absolvierte er eine Ausbildung in der christlichen Fernsehstation »100 Huntley-Street« in Kanada, in der auch Gerhard Klemm arbeitete. Nach einigen Gesprächen und Briefen war es klar, daß sein Platz in Altensteig sein würde. Er entschloß sich, gleich nach der Ausbildung in Kanada zurückzukommen und hier in Altensteig schon bei der Vorplanung mitzuhelfen.

»Wie wenn ein Damm gebrochen wäre«

Dann bekamen wir einen Brief von Pastor Cho aus Korea. Ich hatte ihm mitgeteilt, daß seine Vision, die er 1976 hatte, sich Schritt für Schritt erfüllt hat und wir jetzt dabei wären, den Bereich christliches Fernsehen, anzupacken. Er schrieb begeistert und voller Freude zurück und teilte mir mit, daß er in Korea eine spezielle Gebets- und Fastenzeit für diese christliche Fernseharbeit ausrufen wollte. Wir sollten das Gleiche tun und uns zur selben Zeit zum Gebet und zum Fasten treffen wie unsere koreanischen Brüder und Schwestern.

Das haben wir dann an einem Wochenende getan und freuten uns über die rege Beteiligung. Manche, die nicht nach Altensteig kommen konnten, beteten zu Hause oder in ihrer Gemeinde und ihrem Hauskreis mit.

Wir hatten verschiedene Gebetsanliegen weitergegeben, unter anderem auch die Mitarbeiterfrage. Es war, wie wenn durch diese Gebetstage ein Damm gebrochen wäre. Plötzlich kam ein Anruf nach dem anderen, und innerhalb kürzester Zeit war die Medienmannschaft zusammen. Jeder einzelne von ihnen wußte sich von Gott in die christliche Fernseharbeit gerufen, und wir konnten nur staunen, wo sie alle herkamen und auf welchen Wegen sie mit Altensteig in Kontakt gekommen waren. Jeder hatte seine ganz persönliche Führung, seinen Hintergrund und seine Ausbildung, doch alle fügten sich wie ein Puzzle zu einem Ganzen zusammen, und wir konnten sehen, daß die Planung unseres Herrn auch diese Mannschaft von langer Hand vorbereitet hatte. Bald fanden wir auch die notwendigen Unterkünfte, und am 1. August 1985 begannen sie alle miteinander ihren Dienst in der christlichen Medienarbeit in Altensteig.

Das Abenteuer des christlichen Fernsehens in Altensteig beginnt

Zuerst hatten die betreffenden Mitarbeiter mehrere Wochen theoretischen Unterricht, um das Medium Fernsehen näher kennenzulernen. Dieser fand zum Teil in Altensteig, zum Teil beim Lieferanten der Studioeinrichtung statt. Intensiv wurde gebüffelt und gearbeitet, und wir alle fieberten dem Zeitpunkt entgegen, an dem die Studioeinrichtung geliefert werden sollte.

Endlich war es soweit. Das Abenteuer des christlichen Fernsehens in Altensteig begann mit dem Anfahren eines großen LKW. Die ganze Medienmannschaft stand um den Lastwagen herum, und es war fast wie an Weihnachten. Ein Paket nach dem anderen wurde ausgeladen, und jeder war innerlich ergriffen, daß das, was uns der Herr schon 1977 zugesagt hatte, nun ganz real vor uns stand. Mit großer Freude beobachteten wir, wie die zwei Aufzeichnungsmaschinen mit dem Baukran, der noch vor dem Gebäude stand, in die Luft entführt und an ihren Platz im MAZ-Raum (Raum zur *m*agnetischen Bild*a*ufzeichnung) gehievt wurden. Jeder, der es sah, ahnte, welche neuen Möglichkeiten zur Verbreitung des Evangeliums in unserem Land damit für uns Christen eröffnet wurden. Dafür sind wir alle unserem Herrn von ganzem Herzen dankbar.

Nachdem die einzelnen Teile des Studios geliefert waren und an ihrem vorgesehenen Platz standen, begann eine dreiwöchige Einbauphase, in der unsere Mitarbeiter zusammen mit einem Montageingenieur des Lieferanten das Studio betriebsbereit machten. Was für ein erhebendes Gefühl war es für das Medienteam, als wir unser Studio, für das so viel gebetet und geglaubt worden war, in Betrieb nehmen konnten.

Schon wenige Wochen nach diesem Ereignis konnte wir die ersten Sendungen mit unseren eigenen Geräten in der als Übergangsstudio dienenden Festhalle aufzeichnen. Es waren neben drei Kindersendungen mehrere Talk-Shows und Musiksendungen. Kleine, aber sehr hoffnungsvolle Anfänge in diesem Auftrag der christlichen Medienarbeit in unserem Land. Gleichzeitig ergaben sich viele Kontakte mit christlichen Fernsehstationen und ähnlichen Einrichtungen in ganz Europa. Deutlich sahen wir, daß dieser Auftrag sehr schnell, genau so wie es Gott auf vielfältige Weise vorhergesagt hatte, die Grenzen unseres Landes überschreiten würde. In manchen Ländern Europas, die eine andere Medienstruktur als die Bundesrepublik haben, gibt es bereits seit längerem christliche Fernsehprogramme. Dadurch gibt es auch viele Christen, die bereit sind, ihre Erfahrungen auf diesem Gebiet mit uns zu teilen und uns beim Aufbau dieser Arbeit im Land tatkräftig zu unterstützen.

Durch die hohen Kosten und aufwendigen Voraussetzungen, die benötigt werden, um eine Fernsehsendung herzustellen, kann ein durchschlagender Erfolg auf diesem Gebiet nur durch die Zusammenarbeit von vielen Christen in ganz Europa erreicht werden. Wenn wir diese Erkenntnis in die Tat umsetzen und gemäß Johannes 17 die Einheit der Gemeinde Jesu suchen und fördern, können wir durch diese neuen Möglichkeiten die größte Ernte für Gott einbringen, die es je gab.

144

So, wie Gott vor Jahren zu uns sprach und uns den Fernsehauftrag gab, wird er durch das Fernsehen zu Millionen von Menschen sprechen, die Weisung und Hilfe in allen Situationen ihres Lebens brauchen. Und so, wie Gott uns beim Aufbau dieses Auftrags immer wieder sichtbar half, wird er sich auch den Menschen vor den Fernsehgeräten als der lebendige, helfende und heilende Herr erweisen.

Dabei geht es nicht darum, eine »Fernsehgemeinde« aufzubauen, sondern die Menschen, die durch die christlichen Fernsehprogramme angesprochen wurden, in Kirchen und Gemeinden zu führen, um sie dort zu aktiven Jüngern Jesu Christi zu machen.

Eine Geschichte ohne Abschluß

Als im Jahr 1976 Pastor Cho in seiner gewaltigen Schau über den Altensteiger Auftrag sprach und etwas von internationalen Dimensionen sagte, war mir das alles viel zu groß. Ich konnte mir damals nicht vorstellen, wie so etwas entstehen sollte, und meinte, daß mein Wissen und Können für eine solche Arbeit nicht ausreicht. Deshalb sagte ich damals: »Nein, ich bin zu dumm!« Trotz allem, was ich an menschlichen Schwierigkeiten und Hemmnissen sah, wußte ich, daß Gottes Kraft größer ist als alle unsere Vorstellungen. Deshalb habe ich seither den Auftrag in all seinen Entwicklungen immer wieder bewußt bejaht und von Gott angenommen.

In allem schenkte mir der Herr eine innere Sicherheit und Festigkeit in den zu treffenden Entscheidungen auf den unterschiedlichsten Gebieten. Meine menschliche Unsicherheit und Angst wurde mehr und mehr durch die Gewißheit überwunden, daß der göttliche Auftrag, an dem wir stehen, durch die Treue Jesu zur Vollendung gebracht wird, wenn wir in seiner Nachfolge bleiben. Er selbst ist dann unsere Sicherheit, unsere Autorität und unser Friede. Dieses Wissen bringt Freude und Begeisterung für die Sache Gottes, trotz der täglichen Herausforderungen. So haben wir in dieser Gewißheit alle miteinander versucht, Tag für Tag das zu tun, was uns aufgetragen wurde. Der Herr hat dann immer wieder die Weichen richtig gestellt, und wir sahen, daß seine Zusagen in Erfüllung gehen.

Es war im Herbst 1985, als mich eine Einladung nach Hawaii erreichte. Dort befindet sich die Zentrale von »Jugend mit einer Mission«. Im Dezember 1985 sollte das 25jährige Bestehen dieser Organisation gefeiert werden. Außerdem wurde bei diesem Anlaß die neue »Pacific- and Asia- Christian University« (PACU) eingeweiht. Diese ganz auf Mission ausgerichtete Universität umfaßt die Fachbereiche Theologie, Naturwissenschaften, Pädagogik, Seelsorge, Gesundheitswesen und Kommunikationswissenschaften.

Obwohl es zeitlich nicht einfach einzurichten war, wußte ich doch, daß ich nach Hawaii fliegen sollte. Es war mir klar, daß diese Zeit ein Meilenstein würde für den internationalen Auftrag, um den ich schon lange wußte. Als ich dann zusammen mit meiner Frau Doris in Hawaii war, freute ich mich von ganzem Herzen über die Vielfalt, die hier demonstriert wurde. Dreitausend Deligierte aus fünfundfünfzig Ländern nahmen an den Veranstaltungen teil und zeigten, daß das Reich Gottes sich weder durch Sprachbarrieren noch durch unterschiedliche Hautfarben oder Kulturen aufhalten läßt. Ich empfand das Ganze wie ein gewaltiges Getriebe mit vielen großen und kleinen Zahnrädern. Irgendwo darin war auch der Altensteiger Auftrag neben den vielen anderen geistlichen Aufträgen anderer Organisationen eingeordnet. Keiner kann ohne den anderen effektiv arbeiten, sondern ist auf diese Verbindung angewiesen. Dabei spielt es überhaupt keine Rolle, wie groß oder klein das einzelne Zahnrad ist, wichtig ist nur, daß es seinen Platz im ganzen Werk einnimmt und seine ihm zugewiesene Funktion erfüllt. Manchmal wird diese Funktion des einzelnen Teils lange Zeit nicht erkannt oder von anderen nicht verstanden. Vielleicht wird sie von denen, die schon länger in der Arbeit stehen, sogar als Konkurrenz empfunden. Dies kommt, weil wir so oft nur unser Zahnrad und unsere Funktion, und nicht das ganze Werk Gottes sehen.

Ganz neu entschied ich mich in diesen Tagen in Hawaii, das Reich Gottes als weltweites Ganzes zu sehen. Die vielen Menschen, die in den einzelnen Arbeitszweigen unseres Werks erfaßt werden und Sinnorientierung und geistliche Nahrung suchen, sollen Lebenshilfe auf der Basis der christlichen Botschaft bekommen, und nicht für irgendeine Organisation gewonnen werden. Sie sollen Jesus Christus als ihren Herren und Heiland kennenlernen und lebendige Glieder am Leib Jesu werden. In unserem Auftrag stehen wir somit Schulter an Schulter mit vielen Kirchen, Gemeinden, Missionswerken und christlichen Gruppen in unserem Land und der ganzen Welt. In Hawaii erkannte ich klar, daß wir Christen noch viel enger zusammenstehen müssen, um dieser Welt glaubwürdig die Botschaft des Evangeliums zu verkündigen. Ein Leib, viele Glieder, wie es Paulus in 1. Korinther 12, 12 erklärt, das darf nicht nur eine biblische Aussage bleiben, sondern muß für jeden Christen eine geistliche Grundlage werden.

Neben den Festprogrammen hatte ich die Möglichkeit, viele perönliche Gespräche mit Verantwortlichen von christlichen Arbeiten zu führen. Dabei wurde klar, daß nun im Blick auf die Medienarbeit eine internationale Kooperation anlaufen würde. Genau wie von Gott vorausgesagt, entsteht ein internationales Komitee, um die verschiedenen Dienste und Gaben zu koordinieren. Bei einem dieser Gespräche lud ich dann Loren Cunningham, den Gründer und Präsidenten von JMEM, zu Pfingsten 1986 nach Altensteig ein. Wir hatten für diesen Termin die Einweihungsfeierlichkeiten der Studios geplant und wollten dazu Freunde und Geschwister vom In- und Ausland einladen.

Loren sah mich an und meinte, daß er Pfingsten sehr gerne in Altensteig wäre und sich freuen würde, mit uns die Erfüllung dieser Vision zu feiern. Leider habe er jedoch zwei Termine in dieser Zeit, die er auf gar keinen Fall absagen könne. Obwohl ich das sehr gut verstand, da ich selber immer wieder abwägen muß, welche Termine ich wahrnehmen kann und welche nicht, war ich trotzdem in meinem Herzen sicher, daß Gott Loren in Altensteig haben wollte. So sagte ich zu ihm: »In Altensteig gibt es bereits einen Stuhl, der für dich reserviert ist, und ich werde beten, daß Du kommst.« Darauf lachte er und sagte: »Gut Hermann, dann bete«. Das werde ich bestimmt tun«, war meine Antwort und ich war gewiß, das Pfingsten eine internationale Zusammenarbeit auf dem Gebiet der Medien beginnen würde.

Voller Dankbarkeit flogen wir dann von Hawaii wieder nach Hause, um in dem uns anvertrauten Teil des Reiches Gottes weiterzuarbeiten.

Eine Vision wird wahr

Mit großer Freude und unter Einsatz aller verfügbaren Kräfte gingen wir dann zu Hause an die Fertigstellung des Studioneubaues. Fast täglich tauchten neue Probleme auf, die uns oft an die Grenzen unserer Möglichkeiten brachten. Manche der Mitarbeiter weinten vor Gott; und auch mir selber war das Weinen oftmals näher als alles andere. Aber genau an diesen Stellen erlebten wir Gottes Zusagen und Treue in ganz besonderer Weise. Wo wir nicht mehr weiter wußten, entdeckten wir Gottes Möglichkeiten. Ob es bautechnische Probleme waren oder Hindernisse anderer Art — überall durften wir Wunder sehen. Manches Mal half uns Gott, wie schon so oft, durch innere Weisungen, die uns zeigten, wie es weiterzugehen hat. In anderen Fällen schickte er uns plötzlich Menschen, die bereit waren, zu helfen und uns bei der Lösung der Probleme zu beraten. Immer wieder staunten wir, wie der Heilige Geist so viele Helfer willig machte, diese große Herausforderung mitzutragen. Tag für Tag sahen wir das Werk wachsen. Wir freuten uns von ganzem Herzen auf Pfingsten, weil wir mehrere Tage lang die Güte Gottes feiern und mit vielen Geschwistern zusammmen ein Zeichen für die Zukunft setzen wollten.

Parallel zu der Fertigstellung der Gebäude lief ein großes Vorbereitungsprogramm. Hunderte von Menschen wurden eingeladen, Plakate gedruckt, Handzettel verteilt, Quartiere bereitgestellt und vieles mehr.

Medienstart 1986

Endlich war es dann soweit. Acht Tage vor Pfingsten waren die Gebäude fertig, und die letzten Vorbereitungen für das große Fest konnten getroffen werden. Bereits zu Beginn am Donnerstag, dem 15. Mai 86, waren viele Hunderte von Menschen zum Festakt nach Altensteig gekommen. Grußworte von Vertretern der Öffentlichkeit, des Landes, Kreises, der Stadt sowie der Kirchen, wechselten mit musikalischen Darbietungen ab. Selbst bei den Rednern von den Behörden konnte man etwas spüren von der Ergriffenheit über das Wirken Gottes an diesem Platz. Am Abend dieses Tages hieß das Thema »Eine Vision wird wahr«.

Mit interessanten Darbietungen wurde die Entstehung der ganzen Arbeit mit den einzelnen Arbeitszweigen gezeigt. Von Kindern, Jugend, Hauskreisen, Senioren, Musik, Gemeinde, Außenstationen bis hin zur Medienarbeit war alles vertreten. Meine Gedanken gingen zu den Anfängen des Missionswerkes zurück. Das Wirken Gottes in den vergangenen Jahren erfüllte mich mit Staunen und Ergriffenheit.

Am Freitag fanden verschiedene Seminare statt, die den ganzen Themenbereich der christlichen Medienarbeit erfaßten. Beim abendlichen »Fest der Freude« wirkten viele Musik- und Gesangsgruppen mit, um die Vielfalt der Gaben und Talente, die der Herr seinem Volk geschenkt hat, zu demonstrieren.

Während am Donnerstagabend Floyd McClung über das Thema »Menschen fischen« die Abschlußbotschaft brachte, sprach am Freitagabend zum Schluß Don Stephens aus aktuellem Anlaß. Er war auf dem Weg zu seiner Berufungsverhandlung in Griechenland, wo er wegen

»Proselythismus« zusammen mit zwei anderen Reich-Gottes-Arbeitern vor Gericht gestellt werden sollte. Mit bewegenden Worten erzählte er, wie er nur durch das Weitergeben des Neuen Testamentes an einen jungen Griechen in diese Situation gekommen war. Deutlich erklärte er, daß es für ihn am einfachsten wäre, nicht nach Griechenland zurückzukehren. Dann könne man ihn nicht verurteilen. Aber weil er dem beteiligten griechischen Pastor beistehen wolle, der ebenfalls angeklagt worden war, werde er dorthin gehen, selbst wenn das unter Umständen viele Monate Gefängnis bedeuten könne. Außerdem rief er auf dafür zu beten, daß durch die Publicity, die dieser Prozeß bekommen habe, die griechische Gesetzgebung geändert werde, der eine derartige Anklage folgen konnte. Nach seiner Botschaft segneten wir Don unter Handauflegung für diese Berufungsverhandlung. Jedermann, der mit dabei war, konnte spüren, daß hier mehr als eine übliche Segnung stattfand. Hier wurde durch das Einssein vor Gott »geistliche Politik« gemacht, die über Ländergrenzen hinweg Veränderungen festlegte. Inzwischen wissen wir, daß der Herr unsere Gebete zusammen mit all den vielen Gebeten der Geschwister, die für diese Sache vor Gott eintraten, erhört hat. Alle drei Angeklagten sind einige Zeit später in Griechenland freigesprochen worden.

Der Samstag unseres Medienstartfestes war besonders der Stadt Altensteig gewidmet. In vielen Freiveranstaltungen wurde den Bürgern die frohe Botschaft nahe gebracht. Am Abend traf man sich wieder zu einem bunten Programm in der Festhalle. Dann kam der Sonntagmorgen. Mit einem großen Festgottesdienst, zu dem über 2000 Menschen gekommen waren, wollten wir dem Herrn danken und ihn für seine große Güte ehren. Nach verschiedenen Grußworten erlebten die gespannten Zuhörer ein ergreifendes Telefonat. Pastor Yonggi Cho aus Korea, der durch die besondere Begegnung aus dem Jahre 1976 mit dem Altensteiger Auftrag verbunden ist, übermittelte über das Telefon seine Grüße und Segenswünsche. Weil es sich hier um einen ganz besonderen Meilenstein in der Geschichte des Altensteigers Auftrags handelt, soll an dieser Stelle der Originaltext dieses Telefonats weitergegeben werden:

Telefonat Dr. Cho

Dr. Cho: Hallo!
Übersetzer: Hallo, ist dort Br. Cho?
Dr. Cho: Yes.
Übersetzer: Ich bin der deutsche Übersetzer für Br. Riefle.
Br. Cho: Ich möchte Grüße bringen von Seoul, Korea. In unserer Kirche beginnt jetzt gerade der sechste Gottesdienst. Die Kraft Gottes ist wirklich gegenwärtig unter uns um zu retten und zu heilen.

Herzliche Gratulation zur Eröffnung eures neuen Fernsehdienstes. Als ich vor einigen Jahren in Altensteig war, zeigte mir der Heilige Geist, daß die Gnade Jesu Christi aus eurer Einrichtung über ganz Europa ausfließen wird. Ich war voller Ehrfurcht zu dieser Zeit. Ich bin so glücklich, daß Gott diese Vision erfüllt in Altensteig. Wenn immer wir eine Arbeit beginnen unter der Leitung des Heiligen Geistes, dann ist der Erfolg sicher. Vor einigen Jahren, als ich dabei war, meine Botschaft zum Weihnachtsfest vorzubereiten, schaute ich in einer Vision eine Vison, daß Gottes Kraft auf Westdeutschland fiel und sich über ganz Europa ausgebreitet hat. So ist Westdeutschland der Schlüssel für die Erweckung in Europa. Und euer Fernsehdienst, Br. Hermann Riefle, ist so wichtig für die Strategie Gottes in Europa. Es tut mir sehr leid, daß ich nicht persönlich bei dir sein kann, aber mein Geist im Heiligen Geist ist mit euch allen.

Hier in Korea erfreuen wir uns wirklich dieser erfolgreichen Eröffnung eures neuen Dienstes. Jetzt will ich für euch beten.

Mein himmlischer Vater, segne deinen Diener in seinem neuen Dienst in Altensteig. Möge dieser Tag ein Tag europäischer Erweckung sein. Möge jeder Junge und jedes Mädchen, jeder Mann und jede Frau, jeder, der dieses Fernsehprogramm dann sehen wird, geheilt, gesegnet und angerührt werden zur Ehre des Herrn Jesus. In Jesu Namen bete ich dies. Amen.

Hermann Riefle: Bruder Cho, hab ganz herzlichen Dank für Deinen Anruf. Besonders herzlichen Dank, daß du 1976 nach Altensteig gekommen bist, um mir Mut zu machen.

Br. Cho.: Ja, ich weiß das noch sehr gut. Ich hatte zu dieser Zeit eine klare Vision in meinem Herzen, daß Gottes Kraft von da ausgehen wird nach Europa hinein.

Br. Hermann Riefle: Herzlichen Dank auch deiner Gemeinde, die während einigen Tagen besonders für uns gefastet und gebetet hat.

Br. Cho.: Ja, wir beten alle auch weiter für euch.

Br. Hermann Riefle: Ebenfalls möchte ich dir danken für deine Briefe, in denen du uns immer wieder Mut gemacht hast.

Ich freue mich, bis du in Altensteig sein wirst. Herzlich willkommen!

Auf Wiedersehen Br. Cho.

Tief ergriffen legte ich den Hörer auf. Jeder Zuhörer empfand in diesen Augenblicken etwas von der weltweiten Gemeinde Jesu Christi und der großen Dankbarkeit, die uns alle erfüllte. Spürbar war die Gegenwart des Heiligen Geistes im Raum.

154

Nach verschiedenen musikalischen Beiträgen war es mir eine besondere Freude, meinen Freund und Bruder Loren Cunningham vorzustellen, den wir ja zu diesem Fest nach Altensteig »hergebetet« hatten. Seine Botschaft, die in vielen Punkten prophetisch wegweisend für die ganze Gemeinde Jesu Christi ist, soll hier ebenfalls weitergegeben werden.

Auszugsweise Übertragung der Predigt von Loren Cunningham zu Pfingsten 1986:

Es ist eine Freude hier zu sein und euch im Namen Jesu zu grüßen.

Ich bin hier, weil ich glaube, daß es Gottes Wille ist, daß ich hier bin. Ich bin auch hier, weil Gott unsere Herzen mit euch und durch die Leiterschaft von Bruder Hermann mit diesem ganzen Werk verbunden hat. Und drittens, weil ich an das glaube, was ihr tut. Dies ist aus Gott, es ist eine neue Bewegung innerhalb des Geistes Gottes, aber sie geschieht gerade überall auf der Welt. Meine Botschaft wird Ihnen das deutlich machen.

Wir lesen miteinander Jer. 27, 5: »Ich habe die Erde gemacht, die Menschen und die Tiere auf der weiten Fläche der Erde durch meine große Kraft und durch meinen ausgestreckten Arm — und ich will sie dem geben, der mir gefällt«. Welche Verheißung ist das! Gott schuf die Welt. Sie gehört ihm, und er will sie dem überlassen, der ihm gefällt!

Ich habe das Vorrecht, mit jungen Menschen aus Schulen und Universitäten in der ganzen Welt zusammenzuarbeiten und zu ihnen zu sprechen. Viele stellten mir immer wieder diese Fragen:

Warum leiden Unschuldige, wenn es einen Gott der Liebe gibt? (Der völlig Unschuldige litt für die so sehr Schuldigen, damit diese zu Unschuldigen werden könnten. Das ist das Ereignis vom Kreuz.)

Wenn es einen Gott der Liebe gibt, warum gibt es dann eine Hölle?

Ist Gott gerecht?

Ist Jesus der Sohn Gottes?

Ist er Gott?

Ist die Bibel das Wort Gottes?

156

Und in diesem Zusammenhang fragen die jungen Leute nach der Wirklichkeit und Gerechtigkeit Gottes und seines Wortes. Sehr gerne beantworte ich diese Fragen, weil ich dabei die Größe Gottes bezeugen kann.

Eine weitere Frage ist diese: Glauben Sie an die jungfräuliche Geburt? Ich glaube nicht nur, daß einer geboren wurde ohne Mitwirken eines irdischen Vaters, sondern ich glaube sogar, daß es einen Menschen hier auf Erden gab, der weder Mutter noch Vater hatte. Nun denkt ihr womöglich, daß ich Ketzerei predige. Habt ihr denn Adam vergessen? Er hatte weder Mutter noch Vater hier auf Erden. Es ist für mich viel leichter der Bibel zu glauben, als allen Theorien, die die Menschen aufgestellt haben: »Ohne irgendjemandes Zutun kam aus dem absoluten Nichts plötzlich etwas. Dann gab's eine Explosion, dann eine Abkühlung, aus dem Nicht-Leben kam Leben, es entwickelte sich in Milliarden von Jahren, es wurde alles von selbst immer besser,... Aus dem Unpersönlichen kam das Persönliche, der Mensch aus dem Tier, ohne jemandes Zutun,...«

Ich kann der ganzen Menschheit zusammen nicht genug glauben, um mit solch einer Theorie aufzutreten.

Aber ich kann dem Wort Gottes glauben. Es ist wahr. Gott ist der Schöpfer. Ich stelle fest, das Wort Gottes beantwortet meine Fragen. Und für Gott ist es völlig normal, etwas Neues zu schaffen, denn er ist so groß. Für Gott ist es auch nicht schwer, etwas Altes — z.B. Adam in der Blüte seines Lebens oder den Wein in Kana — zu schaffen. Für Gott ist das kein Problem... Ihr seht, ich spreche von der Größe Gottes. Dieser Gott ist derjenige, der sagt: »Ich habe die Welt geschaffen. Und ich werde sie dem geben, der mir gefällt.« Ich glaube, daß Gott möchte, daß ihr die Welt von dieser Konferenz in euren Herzen mit nach Hause nehmt.

Wenn du die Welt ansiehst, bekommst du mehr und mehr Angst. Wenn du Gott ansiehst, wirst du ein Mensch des Glaubens. Gott möchte, daß wir Ihn schauen und alles tun, was Er uns sagt, denn mit Gott ist nichts unmöglich; ohne Gott aber ist alles unmöglich. Und Gott möchte, daß wir ihn in seiner Größe erkennen.

Als Gott diese Worte durch den Propheten Jeremia sprach, sagte er weiter dem Volk von Israel: »Ich bin dabei, Israel oder Kanaan einem heidnischen König namens Nebukadnezar zu übergeben. Mir gehört die Welt. Ich habe sie gemacht. Ich bin entschlossen, das verheißene Land zu nehmen und einem Vertreter der Heiden zu überlassen.« Die Kinder Israel wußten, daß dies eigentlich nicht Gottes ursprüngliche Absicht war, denn sie kannten die Verheißung Gottes in 1. Mose 12: »Ich werde aus Abraham eine große Nation machen und will euch segnen.« Die Juden schätzten das: Gott ist entschlossen, uns zu segnen: »Damit ihr ein Segen sein möget für alle Völker.« Die Juden dachten, dieser Aspekt sei nicht so wichtig. Gott ist dabei, uns zu segnen. Vielleicht kommen wir später einmal zu den anderen Nationen.« Gott hat den Juden etwas gegeben, aber er hat es mit Bedingungen verknüpft. Und so hat Gott auch hier Altensteig etwas gegeben, das mit Bedingungen verknüpft ist, und zwar: Europa zu segnen. Ich bin hier, weil ich glaube, daß Gott sagt: »Ihr habt all das bekommen, damit die ganze Welt gesegnet wird.« Es ist keine begrenzte Sache; es muß immer eine weltweite Vision damit verbunden sein. Israel aber vergaß den zweiten Teil des Bundes, so wie heute viele Christen sagen: »Herr, segne mich, bitte segne mich, segne uns!« Und Gott antwortet und sagt: »Ich werde es tun, wenn ihr die Völker der Erde segnen werdet.« — Da ging Israel in die Verbannung und Nebukadnezar bekam das Land.

Wenn wir zum Anfang zurückschauen, sehen wir, daß Gott Mann und Frau die Herrschaft über die ganze Erde übergeben hat (1. Mose 1). In Vers 26 sagt er, daß Mann und Frau geschaffen sind als Ebenbild Gottes. Und er sprach weiter: »Ich möchte, daß ihr zweierlei tut. Erstens: Mehret euch und füllet die Erde!« Herzlichen Glückwunsch! Wir haben Gott gehorcht, 5 Milliarden Menschen aus zwei. Sehr gut! Aber zweitens sagt Gott: »Ich möchte, daß ihr die Herrschaft übernehmt, über die Erde regiert und sie verwaltet.« Welche Möglichkeit! Welches Vorrecht! Welcher Auftrag! Dies ist das Mandat, die Herrschaft zu übernehmen und auszuüben. Gott sagte dies der ganzen Menschheit und hat es, wie es bei seinen Gaben und Berufungen nun einmal ist, nie mehr zurückgenommen.

Wir haben jetzt von der Größe Gottes gesprochen. Aber ich möchte euch daran erinnern, daß wir auch einen Feind haben; und ich möchte einige Vorstellungen, die Christen von der Größe Satans haben, wegräumen. Satan hat in der Tat Probleme. Sein größtes Problem ist, daß ihr die Wahrheit über ihn kennenlernt. Es gibt zwei extreme Ansichten über Satan: Das eine Extrem lautet: »Es gibt Satan überhaupt nicht, und sollte er doch existieren, dann sprich bitte nicht über ihn.y« Und so gerät eine große Zahl von Christen sehr in Verlegenheit, wenn man von Dämonen, Teufeln und Satan spricht, denn schließlich ist es ja nur so eine böse Kraft.

Das andere Extrem lautet: »Überall wimmelt es von Teufeln, die aus den Wänden über uns kommen. Satan ist zur gleichen Zeit überall in der Welt.« Ja, ich höre so etwas. Kürzlich war ich in Afrika, Asien und Neuseeland und ich hörte, wie Christen sagten: »Heute ist der Satan leibhaftig hiergewesen.« Augenblick mal. Satan ist nicht allgegenwärtig! Er ist nicht allmächtig! Satan ist auch nicht allwissend! Er kennt nicht alle eure Gedanken!

In 1. Könige 8,39 lesen wir, daß nur Gott alle Gedanken der Menschen kennt. Satan kann beobachten was du tust, wenn er da ist. Er ist nur ein geschaffener und gefallener Engel. Er ist nicht das Gegenstück Gottes. Er kann nichts erschaffen. Er kann nichts vervielfältigen, Gott allein kann erschaffen. Der Mensch kann sich vermehren. Satan fiel mit einem Drittel der Engel; er hat heute, bei einer Weltbevölkerung von 5 Milliarden noch dieselbe Zahl wie damals, als es nur zwei Menschen auf der Erde gab. Erkennt ihr, weshalb er sich ständig bemüht, Menschen umzubringen — durch Kriege, Krankheiten, Selbstmord, Abtreibung, auf jede nur denkbare Art und Weise?

Gott sagt: »Mehret euch!« Wir sagen: »Es wird nicht genügend Nahrung geben.« Schon vor 20 Jahren hörte ich: »In 5 Jahren werden wir alle an Hunger sterben.« Neulich las ich in den Psalmen, daß die Erde dazu geschaffen wurde, um von Menschen gefüllt und bewohnt zu werden.

Vor einigen Wochen saß ich mit etlichen Wissenschaftlern zusammen, die mir erzählten, daß man auf einem Hektar Meer fünfmal soviel Nahrung produzieren könne wie auf einem Hektar Land. Und es gibt siebenmal soviel Meeresfläche wie Land. Das Ganze ist nicht ein Problem der Erde, sondern das Problem des Menschen in seiner Sünde.

Seht, Gott hat Antworten, aber Satan möchte den Tod bringen. Er ist der Vater aller Lüge. Wir lesen darüber im Johannesevangelium. Auch eure Lügen sind lediglich Neuauflagen dessen, was Satan bereits gedacht hat.

Wenn Satan nun diese ganze Macht gar nicht hat — und die Bibel sagt, daß der Eine in euch, Jesus, größer ist als alle Teufel in der Welt — dann ist klar, daß wir uns haben täuschen lassen. Dies ist tatsächlich die einzige Macht, die Satan hat. Er kommt in diese Welt hinein durch den Ungehorsam der Menschen Gott gegenüber. Mit anderen Worten: Er hätte gar keine Möglichkeit gehabt, in den Garten Eden zu gelangen, wenn Eva und Adam nicht gesündigt hätten. Er konnte sie nicht zur Sünde zwingen — er konnte sie nur versuchen. Wie konnte Satan der Fürst dieser Welt werden? Einzig durch die Sünde des Menschen. — Aber da kam noch ein anderer! Jesus ist sein Name, geboren von einer Jungfrau — eine wundersame Geburt — aber geboren in einem Unterschlupf für Tiere.

Wegen seines Stolzes mußte Satan den Thronraum Gottes verlassen. Dies ist eine Warnung für uns alle. Es geht nicht darum, wieviel du über Gott weißt, es geht um deinen Gehorsam gegenüber Gott. Satan wurde wegen seines Stolzes aus der Gegenwart Gottes entfernt. Jesus kam in Demut aus der Nähe Gottes und sagte: »Der Demütige, der Sanftmütige wird die Erde ererben.« Jesus ging ans Kreuz, nachdem er sich entäußert hatte (Phil. 2). Er ging in die tiefste Hölle hinab, und dann gab Gott ihm die Schlüssel des Todes, der Hölle und des Grabes. Gott erhob ihn über jeden Namen, so daß sich vor dem Namen Jesus jedes Knie beugen und jede Zunge bekennen muß: Jesus Christus ist der Herr! — Zur Ehre Gottes des Vaters.

Es gibt fünf ganz wichtige Bibelverse, die uns als Hauptaufträge gegeben sind. Ich habe etwa 500 Verse gefunden, die einen Auftrag beinhalten. Aber es gibt fünf Hauptverse. In jedem dieser Verse liegt der Nachdruck auf etwas anderem. Markus 16,15: »Gehet hin in alle Welt und predigt das Evangelium aller Kreatur.« Der Nachdruck liegt hier darauf, daß jeder Mensch die gute Nachricht erfahren soll. Wir dürfen in der weiten Welt nicht einen einzigen Menschen auslassen. Wie werden wir das schaffen? Da gibt's schon einige Ideen.

Apostelgeschichte 1,8: »Ihr werdet Kraft empfangen, nachdem der heilige Geist über Euch gekommen ist, und ihr werdet meine Zeugen sein sowohl in Jerusalem als auch in Judäa und Samaria bis an die äußersten Enden der Erde.« Hier wird betont, daß wir in der Kraft des Heiligen Geistes gehen sollen.

Lukas 24,47: »Und in seinem Namen soll gepredigt werden Buße zur Vergebung der Sünden unter allen Völkern.« Hier liegt der Nachdruck auf der Botschaft, daß Buße und Vergebung gepredigt werden unter allen Völkern. Das ist der Inhalt der Botschaft.

Johannes 20,21: »Wie mich der Vater gesandt hat, so sende ich euch.« Der Sendende ist Jesus. Wir sind ausgesandt von Jesus.

Matthäus 28,18-20: »Alle Gewalt ist mir gegeben im Himmel und auf Erden. Darum geht und machet zu Jüngern alle Völker, indem ihr sie taufet in dem Namen des Vaters und des Sohnes und des Heiligen Geistes und indem ihr sie lehret, zu halten alles, was ich euch befohlen habe.« Als junger Mensch dachte ich immer, »alle« sei auf einzelne Menschen bezogen. Ich habe sogar Bücher gelesen, die diesen Eindruck vermittelten. Aber eines Tages offenbarte sich mir: Tatsächlich sagt Gott hier: »Ich möchte, daß ihr alle Völker zu meinen Jüngern macht.« Es wurde mir klar, daß dies einzig und allein durch die Größe Gottes bewirkt werden kann. Wie soll das geschehen? Es gibt sieben Bereiche, durch die man ganz Deutschland und andere Völker zu Jüngern machen kann.

In allen Nationen werden Menschen beinflußt durch:
1.) Die Familie
2.) Die Kirche

3.) Die Schulen
4.) Die Medien
5.) Die Kunst und Unterhaltung
6.) Das Geschäftsleben
7.) Die Politik und Staatsführung

Gott hat die Familie geschaffen und will durch sie wirken. Die Kirche hat den Auftrag, Nationen zu Jüngern zu machen. Sie ist von Gott eingesetzt. Der dritte Weg ist der über die Schulen, wozu ich auch den gesamten Forschungsbereich zähle. Genau an diesem Punkt entwickeln viele Christen komische Vorstellungen. Sie sagen z.B.: »Die Schule ist kein Bereich für Gott. Wir müssen uns da zurückhalten. Laßt euch nur nicht mit Fragen zu Erziehung und Ausbildung ein. Das hat schon der Satan in Besitz genommen.«

In der Tat — bei fast allem, was ich von jetzt ab erwähnen möchte, haben Christen die Einstellung gehabt: Das ist Satans Bereich. Wir wollen uns da heraushalten. Gott aber sagt: »Ich möchte, daß ihr Herrschaft ausübt.«

Was bedeutet Herrschaft? Es ist Kraft. Es ist Autorität, aber nicht in stolzer Haltung, mit der die Welt Dinge an sich reißt, sondern durch Dienstbereitschaft. Durch Demut wird die Erde ererbt.

Die Medien gliedern sich in den drucktechnischen und elektronischen Bereich, Bücher, Zeitschriften, Broschüren, und auf der anderen Seite Fernsehen, Radio, Kassetten und all die Möglichkeiten, die Gott uns gegeben hat. Die Medien müssen Jesus gehören und gehorchen! Ist das möglich?

1975 erklärte ich in Hamburg, daß ich davon zutiefst überzeugt sei, es werde eine Zeit kommen, in der hier in Europa das Fernsehen Christus nahebringen wird. Viel Unglauben bekam ich von Christen zu hören. Sie sagten: »Du verstehst das nicht, Loren. Wir sind hier nicht in

Amerika. Der Staat kontrolliert die Medien.« Ich glaube das nicht. Gott kontrolliert die Medien, wenn wir es wollen. Es liegt nur an uns. Gott möchte die Medien durch euch kontrollieren. Was sollen wir tun? Sie uns mit Waffengewalt aneignen? Nein, denn wir kämpfen nicht gegen Fleisch und Blut, sondern gegen Fürstentümer und Gewalten. In geistlicher Kriegsführung reißen wir die Fürstentümer nieder und arbeiten in Demut als Diener. Gott wird uns in diese Plätze einsetzen.

In einer Zeitschrift las ich, daß 12 Personen in Amerika die ideologisch-geistige Ausrichtung aller Sendungen der drei größten Nachrichtendienste kontrollieren. Wenn Satan beabsichtigt, Millionen Menschen auf dem Weg über die Medien zu kontrollieren, wie wird er das zustande bringen? Sicher nicht mittels eines Menschen, der mit glasigen Augen vor dem Fernsehapparat hängt! Er wird es bewerkstelligen durch den einen Mann an der Spitze. Wenn Christen dies wissen, müssen sie zwei Dinge tun. Erstens: Dafür beten, daß dieser Mann sich bekehrt oder abgesetzt wird. Zuerst aber bete, daß der Dämon über ihm fliehen muß. Zweitens: Bete, daß Gott Christen aufs Herz legt damit zu beginnen, etwas Neues auf diesem Gebiet entstehen zu lassen, wie z.B. David Mains, Pat Robertson, Hermann Riefle.

Es gibt hier die Sendung »Dallas« nicht wahr? Auch »Miami Vice«? Sie handelt von den Sünden, die in Miami begangen werden. Wir sind dabei, die Rechtschaffenheit von Altensteig darzulegen und anstelle von »Dallas« mit einem J.R. werden wir Altensteig mit seinem H.R. erleben. Ich glaube, Gott hat eine kleine Stadt wie Altensteig ausgesucht wegen der hier herrschenden geistlichen Gesundheit und wegen des Werkes, das Gott hier schon getan hat, um Produktionen zu ermöglichen. Gemäß der Regeln, die in der Welt gelten, hätte ich Frankfurt oder

München ausgesucht, weil wir da jegliche Hilfe auf dem elektronischen Sektor und die der darstellenden Künste kriegen könnten. Aber man kann auch all deren Probleme kriegen.

Gott möchte die Produktion aber gerade hier anlaufen lassen und Leben und Wahrheit schenken. Wir haben vorhin die Gesichter dieser kleinen Kinder aus der Orgelpfeifen-Gruppe gesehen in ihrer Unschuld. Sie können wirklich einen tiefen Eindruck für Gott hinterlassen!

Der 5. Bereich ist der der darstellenden Künste, wozu auch Sport und Unterhaltung gehören. Ich weiß nicht, wie es bei euch ist. Ich wurde erzogen mit dem Gedanken, daß alles was sich bewegt und was farbig ist, nicht heilig ist. D.h. niemand hat das wörtlich so gesagt, aber der heiligste Ort war mir die Kirche, und niemand bewegte sich. Das bedeutet, daß Gott, der Heiligste von allen, nicht einmal mit einem Auge zwinkert. Alles, was heilig erscheinen will, trägt schwarz, vielleicht mit einem bißchen weiß dabei, und manchmal grau. Ein Evangelist trägt grau und marineblau. Aber verwende ja keine Farben! Das ist nicht heilig! Man fängt dann an, so zu denken.

Kein Wunder, daß die Welt denkt, im Himmel sei alles schwarz und grau. Wer hat uns diese Vorstellung vermittelt? Sie kommt bestimmt nicht von Gott. Sie stammt auch nicht aus der Bibel. Im Gegenteil: Wir sehen Regenbogen rund um Gottes Thron, Saphire und Smaragde und Rubine und alle möglichen farbenprächtigen Dinge. Und Gott ist voller Energie. Er ist die Urquelle aller Energie. Wenn du dich nicht gerne bewegst, vermeide in den Himmel zu kommen! Jesus selbst sagte: »Gehe!« Und du kannst nicht gehen und gleichzeitig stillstehen. Oh, die Art der Christen ist die aktivste von allen. Wir müssen das unbedingt begreifen. Manche denken, es sei schrecklich, daß sich Leute auf der Bühne, noch dazu in der Kirche, bewegen! Oh, wie sündig, wie schockierend! Und schau mal da, die tragen alle möglichen Farben! Genauso ist Jesus. Die Bibel spricht vom Tanzen. Ja, im Himmel wird getanzt werden, und man wird dort weder Arthritis noch Arthrose haben, im Himmel kann man wirklich gute Musik hören. Du siehst, es ist Gottes Anliegen, diese Vorstellung über ihn selbst in der Welt verbreitet zu wissen. Gott hat eine ganz spezielle Salbung in diesem Bereich auf uns gelegt, denn die Medien brauchen die Künste.

Als Gott 1972 mit mir über die Medien sprach, fragte ich ihn: »Herr, möchtest Du, daß ich Farb- oder Schwarzweißkameras kaufe?«, denn schwarz-weiß war ungefähr alles, was es damals gab, die Farbkameras waren sehr teuer. Wißt ihr, was Gott zu mir sagte? Er sagte: »Wie habe ich die Welt geschaffen?« Ich sagte: »In Ordnung, Gott, farbig!« Gott möchte, daß sein Wort farbenfroh gebraucht wird, und er möchte, daß es mit Bewegung dargestellt wird. Und Gott hat eine Salbung auf euch gelegt. Daraufhin wird es auch Kritik geben, aber versteht doch, woher diese stammt. Kämpft nicht gegen Fleisch und Blut, sondern erlaubt es Gott, die Mächte der Finsternis zu überwinden und zu stürzen und laßt es zu, daß eure Künste vor Gott geheiligt werden. Und das hängt mit dem Herzen zusammen.

Es gibt noch zwei weitere Gebiete, das des Geschäftslebens und das der Politik und Regierung. So sind es insgesamt sieben Bereiche, in denen die Nationen zu Jüngern gemacht werden sollen.

Gerade bin ich aus Afrika zurückgekehrt, wo ich in neun Staaten die Botschaft verkündigt habe. Es ist mir deutlich geworden, daß die Missionare nach Markus 16,15 hinausgezogen sind und einen wertvollen Dienst getan haben. Sie haben wirklich aller Kreatur das Evangelium gepredigt. Sie haben sogar über Familienleben gelehrt und haben auch Gemeinden gegründet. Einige von ihnen haben sogar den Kindern lesen und schreiben beigebracht. Aber wenn wir jetzt mit Jugend mit einer Mission in über 200 Ländern arbeiten, die Botschaft dorthin bringen und uns bemühen, Mensch für Mensch zu erreichen, so sind wir doch wie Infanterie ohne Luftwaffe. Markus 16,15 handelt von der Infanterie, Matthäus 28 beschreibt die Luftwaffe. »Ihr sollt Völker zu Jüngern machen!«

Wenn wir gottesfürchtige Männer in der Regierung haben, ist es leicht, Evangelisation durchzuführen. Aber wenn dort Manner tätig sind, die Gott ablehnen, wird es sehr schwierig. Das ist unsere Schuld. Als Christen haben wir den Menschen nicht nur lesen und schreiben beizubringen! Wenn ihnen die Atheisten beibringen, wie man Geschäfte macht und die Arbeitsstellen in der Regierung bekommt, dann müssen wir eben unter diesen Bedingungen arbeiten.

Im März hatten wir in unserer Universität auf Hawaii für drei Tage den König von Tonga zu Gast. Tonga ist ein kleines Land, aber schaut, was Gott da gerade tut:

Der König lernte den Herrn kennen. Er wurde erfüllt mit dem Heiligen Geist wie auch sein Premierminister, der ebenfalls unser Gast gewesen ist. Bei Tisch sprachen wir mit ihnen im Beisein einer neunköpfigen Reisebegleitung über den Herrn Jesus. Um das Haus herum war die Geheimpolizei verteilt. Die Königin, für Bildung und Erziehung in Tonga zuständig, sagte: »Kommen sie zu uns, bringen sie ihre Schulen mit, und machen sie Jesus bekannt in allen unseren Schulen.« Der Premierminister hielt eine Radiopredigt, die über den Sender von Jugend mit einer Mission in das ganze Land ausgestrahlt wurde. Welch ein Segen, dort hinzugehen und Zeugnis abzulegen!

So haben wir schon mit etlichen Führern von Nationen in der ganzen Welt zusammengearbeitet, doch ich glaube, daß Gott die Absicht hat, diese Arbeit auszudehnen. Ein Bruder kam während dieser Konferenz zu mir: Angefangen unter Konrad Adenauer hat er bis zum heutigen Tag seinen Dienst bei leitenden Männern dieses Staates getan. Welche Veränderung kann dies mit sich bringen, wenn Christen solche Positionen bekleiden. Die Kirche darf sich nicht damit begnügen, nur in der Familie und im eigenen Rahmen tätig zu sein. Wir müssen in jedem Bereich die Herrschaft Christi proklamieren! Im August letzten Jahres hatte ich einen Dienst in der Sowjetunion. Ich durfte öffentlich zu größeren Gruppen sprechen. Die bewegendste Zeit verbrachte ich im Gespräch mit kleinen Gruppen, so z.B. mit 12 Männern draußen am Rande der Stadt. Sie alle waren Leiter aus verschiedenen Gegenden Rußlands; einige waren sogar mit dem Flugzug angereist. Sie hatten viele Fragen wie z.B.: »Was tut Gott in Afrika, in Asien oder in Südamerika?« Ich kann mich an einen älteren Mann und die Begeisterung in seinen Augen erinnern. Er sagte: »Sage mir etwas über China!« Und ich erzählte ihm davon, was dort geschieht. Da flossen Tränen über seine Wangen, während er weitersprach: »Jahrelang habe ich für China gebetet, aber nie habe ich über China etwas zu hören bekommen außer durch den Heiligen Geist.« Ich habe mir stundenlang Zeit genommen, ihnen über das vielfältige Tun Gottes überall auf der Welt zu erzählen.

Ich möchte euch heute ermutigen. 1949 gab es in China 1 bis 3 Millionen Christen, heute sind es mehr als 50 Millionen. Die Leiter im Inneren von China sagen, es seien noch viel mehr. Sie glauben, daß sich die Zahl in den nächsten 5 Jahren auf über 100 Millionen Christen verdoppeln wird. Und diese Menschen sind nicht sogenannte Namenschristen, die bei ihrer Geburt so registriert wurden, nein. In China sind diese Menschen Christen geworden, obwohl sie damit rechnen müssen, durch diesen Schritt ihr Leben einzubüßen. Das Wachstum der Christen auf 50 Millionen geschah unter dem Druck einer schrecklichen Verfolgung während der Roten Kulturrevolution. Könnt ihr erkennen, was Gott getan hat? Diese schnelle Zunahme wird nicht auf das Innere von China beschränkt bleiben. Wenn nur ein Prozent dieser Menschen Missionare werden, könnt ihr euch vorstellen, wie eine Million hinauszieht, die aus der Verfolgung hervorgegangen ist?

Christen, wir sollten uns beeilen, sonst werden wir überholt vom Eifer, von der unendlichen Anzahl hingegebener Christen, die als Missionare hinausgehen. Und Millionen über Millionen Menschen in der ganzen Welt werden sich für Christus entscheiden. Berichtet mir nicht von den Siegen Satans überall! Zeigt mir nicht die Vielzahl von Niederlagen, die der Sache und Kirche Jesu zugefügt worden sind. Jesus in dir ist größer als alle Dämonen der Welt! Jesu Kirche wird eine triumphierende Kirche sein, weil Jesus alle Autorität besitzt im Himmel und auf der Erde. Durch uns möchte er wirken. Und wenn er wiederkommt, wird es im Triumph sein, denn die Kirche ist eine herrliche Kirche gewesen. Und diese Botschaft geht um die ganze Welt. Es ist Zeit, daß sich das Königreich Gottes erhebt und sein rechtmäßiges Erbe antritt. Jesus hat den Satan auf Golgatha besiegt. Jesus hat den Preis bezahlt, jetzt haben wir zu gehen.

Gemäß Markus 16,15 sollen wir zu jeder Kreatur hingehen, aber nach Matthäus 28 müssen wir auch unsere Luftstreitkräfte einsetzen, zu denen auch die darstellenden Künste und die Medien gehören.

Herr Jesus, ich bete heute darum, daß deine Salbung und deine Autorität über diesem Werk hier zunehmen mögen. Möge es durch göttliche Offenbarung die Autorität und Salbung Gottes besitzen, die es mit deinem übrigen weltweiten Leib verbinden wird. Wir erklären im Glauben, daß alle Welt erreicht werden wird, indem durch die ganze Kirche den Nöten des gesamten Menschen mit dem vollen Evangelium begegnet wird.

In Jesu Namen verkünden wir das.

Amen.

Am Sonntagnachmittag fuhren alle Teilnehmer mit Bussen in verschiedene Orte, um dort zu evangelisieren. Der Sonntagabend war mit einem »Live-Concert« der christlichen Medienarbeit gewidmet. Fernsehgerecht hatten sich viele Gruppen, Solisten und Musiker auf diesen Abend vorbereitet.

Am Montag ging mit einem »Tag der offenen Tür«, der von vielen kleineren Veranstaltungen begleitet war, das große »Medienstartfest« zu Ende.

Inzwischen sind die ersten Fernsehproduktionen gelaufen und das ganze Werk durfte weiter aufgebaut werden. Viele Mitarbeiter, Beter und Helfer sind daran, in Einheit in diesem Auftrag zu arbeiten, um das große von Gott gesteckte Ziel zu erreichen: Erfülltes Leben für alle — auch durch die Möglichkeit des Mediums Fernsehen hin auszutragen in alle Welt.

Gott, der Herr, hat über Jahre hinweg seine Treue bewiesen und sein Werk hier gesegnet. Mir war es bestimmt, diesen Auftrag anzunehmen und mit Gottes Hilfe zu beginnen. Viele andere Menschen sind bis heute dazugekommen, und ich bin gewiß, daß außer der Zusage Gottes nur dieses Zusammenarbeiten in einer geschlossenen Mannschaft das Weitergehen dieses Auftrags garantiert.

Viele der beschriebenen Lebenserfahrungen sind sehr speziell und können nicht verallgemeinert werden. Andere hingegen sind Grundprinzipien, die helfen sollen, in unserem Land und in der ganzen Welt Reich Gottes zu bauen. Alles, was ich erfahren habe, sind Gnadengeschenke Gottes. Wie ich es schon in meiner Ordinationspredigt vor vielen Jahren beschrieben habe, kann sich keiner etwas nehmen, es werde ihm denn vom Himmel her gegeben (Joh. 3,27). Deshalb geht es nicht darum, Menschen groß zu machen, sondern die Treue und Gnade unseres Gottes in allem zu rühmen. »Soli deo gloria« — allein zu seiner

Ehre — soll und muß über allem Erfahrenen und Erreichten stehen und stehen bleiben. Alles soll dazu dienen, daß unser Herr Jesus Christus durch alle uns geschenkten Gaben und Möglichkeiten den Menschen nahegebracht und sein Name groß gemacht wird, bis daß er wiederkommt.

Maranatha, komme bald, Herr Jesus!

Erfahrungen und Erlebnisse aus nahezu zwanzigjähriger Arbeit mit Hermann Riefle

Als Hermann Riefle 1966 seine Arbeit im Schwarzwald begann, waren wir eine kleine Gruppe von Teenagern, mit denen er anfing, eine Jugendarbeit im Raum Schwarzwald aufzubauen.

Seit dieser Zeit hatten wir das Vorrecht, an seiner Seite viele Höhen und Tiefen und die unzähligen, damit verbundenen Entscheidungsprozesse mitzuerleben. Diese vielen Jahre der engen Zusammenarbeit haben unser Leben und unsere Persönlichkeit geprägt und uns einen tiefen Einblick in seinen Auftrag und sein ganzes Denken gegeben. Er ließ uns an seinem Leben teilhaben, indem er uns durch sein eigenes Beispiel über die vielen Schwierigkeiten unserer Jugendzeit hinweghalf. Er wurde uns in dieser langen Zeit zu einem geistlichen Vater, mit dessen Hilfe uns auch der Einstieg in die Arbeit im Reich Gottes leichtgemacht wurde. Immer wieder war es seine eigene Erfahrung mit Gott, die in vielen seelsorgerlichen Gesprächen, Ratschlägen und Hilfestellungen auch für unser Leben wegweisend wurde. Dabei war es ihm ein Anliegen, uns zu lehren, Verantwortung zu übernehmen, und so unsere Persönlichkeitsentfaltung zu ermöglichen.

Nicht dogmatische Ratschläge, sondern im eigenen Leben erprobte Gotteserfahrung war es, was uns half, seinen Glauben auch für uns erfahrbar zu machen.

In all den Jahren der persönlichen Zusammenarbeit wurden uns einige Punkte besonders wichtig, weil sie sich in vielen Krisensituationen als feststehende Realitäten erwiesen haben. Diese möchten wir in diesem Anhang auch anderen Menschen weitergeben.

Seine Person und Arbeitsweise

Hermann Riefle arbeitet stets auf ein Ziel zu und verfolgt es dann über Jahre hinweg konsequent, nachdem es von Gott gegeben und bestätigt wurde. Solange er in einer Sache nicht Gottes Weisung erhalten hat, wird er nicht damit beginnen. Ist allerdings der Weg Gottes klar, dann geht er ihn, ohne sich von Schwierigkeiten aufhalten oder mutlos machen zu lassen.

Dieses Ziel teilt er seinen Mitarbeitern mit, um nicht im Alleingang, sondern gemeinsam daran zu arbeiten. So ist die Arbeit im Team ein Prinzip, das über Jahre hinweg entstanden ist und dessen Verwirklichung einen großen Stellenwert im Leben von Hermann Riefle hat.

Diese Zusammenarbeit ist nur möglich, weil er bereit ist, nicht nur seine Erfolge und starken Seiten, sondern auch seine Schwächen und persönlichen Tiefpunkte mitzuteilen und so die Mitarbeiter an allen Seiten seines Lebens und Dienstes teilhaben zu lassen.

Sein Umgang mit den Mitarbeitern

Mitarbeiter unseres Teams brauchen nicht »perfekt« zu sein, sondern dürfen auch Fehler machen, ohne befürchten zu müssen, daß sie dafür bestraft werden. Dieses Bewußtsein schafft das nötige Vertrauen, so daß Hermann Riefle auch korrigieren und dadurch das Wachstum aller Mitarbeiter fördern kann. Dabei liegt ihm das persönliche Wohl eines jeden Mitarbeiters so sehr am Herzen, daß er sich die

Aussagen, die von einem Mitarbeiter gemacht werden, genau anhört, um manchmal erst nach Tagen oder gar Wochen zu hinterfragen, was den Betreffenden zu dieser Aussage veranlaßt hat. Gleichzeitig ist er aber auch bereit, sich selbst in seinen Entscheidungen und Handlungsweisen hinterfragen zu lassen.

Gerade im Umgang mit der Mannschaft wird er immer wieder sehr viel Zeit und Kraft aufwenden, um zwischen den einzelnen Mitarbeitern den nötigen Ausgleich zu schaffen. In besonderer Weise berücksichtigt er dabei das ganze Umfeld des Mitarbeiters, um so auch den Gegebenheiten Rechnung zu tragen, die jeden Christen mitprägen und mitbestimmen.

Neben den vielen persönlichen Erfahrungen sind uns vor allem seine Aussagen zu den unterschiedlichsten Themen wichtig geworden. Da sie ein Bild seiner inneren Haltung vermitteln, sollen einige hier widergegeben werden.

Ein sehr wichtiges Thema im Leben und Denken von Hermann Riefle ist die Persönlichkeitsentwicklung von Menschen in seiner Umgebung. Dazu einige Zitate:

»Wenn du auf dieser Welt menschliche Sicherheit suchst, wirst du keinen Erfolg haben.«

»Wer Korrektur nicht ertragen kann, ist unreif. Wer nicht rechtzeitig lernt, hat Schwierigkeiten im Alter.«

»Nur der Mensch hat Geduld, der auch Zeit hat.«

»Wo unsere Gedanken sind, ist auch unser Leben.«

»Alle Menschen brauchen Seelsorge — wirklich alle!«

Ein weiteres Thema, das Herman Riefle stark beschäftigt und über das er viel spricht, sind die zwischenmenschlichen Beziehungen, besonders auch in der Ehe:

»Nicht das Verdienen, sondern das Dienen ist das Wichtigste in der Ehe.«

»Der Mann ist nur so viel wert, wie die Frau in ihn investiert. Dies gilt auch umgekehrt.«

»Wir müssen gegenseitig die große Tiefe unserer Herzen erkennen.«

»Den anderen kenne ich erst, wenn ich seine Schwächen kenne, denn dann kann ich diese auch abdecken.«

»Wer nicht richtig ermahnen kann, der kann auch nicht richtig trösten.«

»Zeit ist eine Frage der Qualität, nicht der Quantität, und die Zeit hat dann eine hohe Qualität, wenn die zur Verfügung stehenden Momente ausschließlich dem Gegenüber gehören.«

»Die größte Gabe, die ein Mensch bekommen kann, sind hörende Ohren.«

Ein besonderes Gewicht in den Aussagen von Hermann Riefle hat der Dienst im Reich Gottes. Zwei grundsätzliche Aussagen hierzu sind:

»Wir können anderen nur so viel helfen, wie uns geholfen wurde, wir können nur so viel dienen, wie auch uns gedient wurde. Alles, was wir selbst erlebt haben, können wir anderen weitergeben.«

»Arbeite, auch wenn du keinen Dank empfängst. Lerne früh, Unrecht mit Freuden zu ertragen, und bleibe ruhig, wenn andere deinen Erfolg ernten. Sei geduldig und warte auf die Hilfe des Herrn.«

Weitere Aussagen zu diesem Thema:

»Wer keine Zeit hat, soll mit der Seelsorge gar nicht erst anfangen, denn Seelsorge erfordert Zeit.«

»Das schwerste Amt im Reich Gottes ist der Dienst der Barmherzigkeit.«

Abschließend noch einige allgemeine Zitate:

»Der Wille Gottes kann in meinem Leben nur sichtbar werden, wenn mein kleines Raster in das Gesamtraster Gottes paßt.«

»Tatsachen darf man nicht in Frage stellen, wer das tut, schadet sich selbst.«

»Viele Firmen machen pleite, weil das Arbeitsklima nicht stimmt.«

»Mit der Welt selbst hat Gott keine Probleme, aber mit seinem Volk.«

»Die Menschen haben Angst vor der Ruhe.«

»Es kommt die Stunde, in der Jesus dich an deine Worte erinnern wird.«

In besonderer Weise lassen die vier folgenden Grundsätze erkennen, wie aus seiner Sicht die Probleme der Zukunft bewältigt werden können:

1. Vertrauen muß erworben werden.

Das Kostbarste, was wir uns wünschen und schenken können, ist das Vertrauen. Wenn ein Leben, eine Ehe oder eine Unternehmung auf dieser Basis aufgebaut ist, können auch Stürme und Herausforderungen leicht bewältigt werden. Obwohl wir das alle wissen, bewerten wir diesen Punkt oft viel zu wenig. Unser Leben ist so stark auf materielle Werte ausgerichtet, daß wir die Wichtigkeit der immateriellen Dinge oft gewaltig unterschätzen. Wenn eine Sache nur auf der Materie aufgebaut ist, fehlt der Mittelpunkt und das tragende Element. Deshalb haben viele Menschen den Sinn ihres Lebens verloren und sind nicht wirklich erfüllt in dem, was sie leben oder tun. Gott selbst bemühte sich mit dem größten Einsatz, der möglich war, unser menschliches Vertrauen zu bekommen. Jesus wurde Mensch, um uns Menschen verstehen zu können und uns seine Vertrauenswürdigkeit zu beweisen. Dieses Beispiel zeigt uns deutlich, wie Vertrauen erworben wird: durch Hingabe und Ausdruck der Wertschätzung gegenüber dem anderen. Die Bibel sagt in Philipper 2, 3: »Einer achte den anderen höher als sich selbst.« So wird Vertrauen aufgebaut. Wo mein Partner oder mein Gegenüber merkt, daß ich ihn achte und sein Wohl mir am Herzen liegt, entsteht Vertrauen, wenn auch vielleicht nur ganz langsam, weil sich viele Menschen durch Enttäuschung und Verletzung ihrer Persönlichkeit wie Schnecken in ihr Haus zurückgezogen haben. Vertrauen ist eine zarte Pflanze, die gehegt und gepflegt werden muß, damit sie wächst und erhalten bleibt. Und dennoch lohnt es sich, diese Mühe aufzubringen und das Vertrauen der Menschen zu erwerben. Wenn wir diese Vertrauensbasis aufbauen, kann echte Gemeinschaft entstehen.

2. Gemeinschaft muß praktiziert werden

Hermann Riefle war viele Jahre seines Lebens ein Einzelgänger. Zwar hatte er in seinem Dienst viel Segen erfahren, in seinem Herzen war er jedoch einsam geblieben. Dann erkannte er den Wert der Gemeinschaft und begann sie zu praktizieren. Bei vielen Menschen unserer Zeit ist Gemeinschaft nur ein Wort. Es bezeichnet oft nur die Tatsache, daß ich den anderen brauche, um das zu bekommen, was ich will, und um mein Ziel zu erreichen. Wer Gemeinschaft so versteht und lebt, wird bald so einsam sein, wie Hermann Riefle es früher war.

Wahre Gemeinschaft hingegen ist mehr als eine sachbezogene Angelegenheit. Sie ist das Finden eines von Gott selbst in unser Leben gelegten Geheimnisses. Die Bibel sagt uns schon auf den ersten Seiten, daß Gott erkannte: »Es ist nicht gut, daß der Mensch allein sei« (1.Mose 2, 18). Wir sind also alle auf Gemeinschaft hin angelegt und brauchen die Gemeinschaft und die persönliche Beziehung zu anderen Menschen, um wirklich Mensch zu sein. Neben der persönlichen Gemeinschaft mit Gott, die wir im Gebet erfahren, brauchen wir die Gemeinschaft mit anderen Menschen, um uns nicht einseitig zu entwickeln. Korrektur und Ermahnung, Lob und Anerkennung, Austausch und Gespräch helfen uns immer wieder neu, unsere Stärken und Schwächen zu erkennen und uns weiterzuentwickeln. Nur in der Gemeinschaft finden wir unseren Platz und erkennen den Wert unseres Lebens und unserer gegenwärtigen Aufgabe.

3. Die Zeit muß ausgekauft werden.

Wenn Vertrauen das Kostbarste ist, das wir Menschen uns gegenseitig geben können, dann ist die Zeit eine der kostbarsten Gaben, die uns der Schöpfer anvertraut hat. Jede Minute und Sekunde unseres Lebens ist einmalig und kann, wenn sie erst einmal vergangen ist, weder durch Tränen noch durch Geld zurückgeholt werden. Deshalb ist es wichtig, den Wert der Zeit zu erkennen und sie auszukaufen. Das heißt, sie optimal einzusetzen, damit diese kostbare Gabe nicht vergeudet wird. Viele Menschen leben entweder in der Vergangenheit oder in der Zukunft und erkennen dadurch nicht die Möglichkeiten des Augenblicks. Unbewältigte Probleme der Vergangenheit verhindern, daß die Gegenwart bewußt erlebt und genutzt wird. Schuld, die nicht vergeben und ausgeräumt wird, verschließt die Augen für die Möglichkeiten des Augenblicks, in dem wir gerade leben. Nur wer seine Vergangenheit bewältigt hat, kann seine Gegenwart bewußt leben und für die Zukunft die richtigen Entscheidungen treffen. Außerdem brauchen wir ein Verständnis des Zeitplans Gottes, um unsere Zeit richtig auskaufen zu können. Wir kommen von der Ewigkeit her und gehen in die Ewigkeit. Dazwischen liegen die Jahre unseres Lebens auf der Erde. Gott hat einen Plan für unser Leben, und nur, wenn wir diesem Plan folgen, können wir zur rechten Zeit das Richtige tun. Psalm 139, 16 sagt: »...und alle Tage waren in dein Buch geschrieben, die noch werden sollten und von denen keiner da war.« Wenn wir das erkennen, sehen wir unser irdisches Leben im Licht der Ewigkeit und entdecken seine wahren Werte. Nur für das, was angesichts dieser Tatsache Bestand hat, lohnt es sich, zu investieren und sich einzusetzen. Dafür zu leben bringt Sinn und Erfüllung, etwas, das heute so vielen Menschen fehlt.

4. Liebe muß gelebt werden

»Über allem aber«, sagt uns die Bibel, »steht die Liebe.« Sie ist die größte Kraft im Universum, auch wenn sie von vielen Menschen als schwach, unnütz und veraltet angesehen wird. Gott selbst ist die Liebe und hat durch seine Liebe den Tod überwunden. In Johannes 3, 16 heißt es: »Also hat Gott die Welt geliebt, daß er seinen eingeborenen Sohn gab, auf daß alle, die an ihn glauben, nicht verloren werden, sondern das ewige Leben haben.«

Wo wir Liebe leben und sie die Triebfeder unseres Tuns wird, werden wir in die dunkelste Nacht Licht und in die kälteste Situation Wärme bringen können. Liebe findet Wege, wo alle anderen Mittel versagen. Liebe ist stärker als Haß und Streit. Liebe ist gelebtes Evangelium. Nur wenn wir selbst uns von Gott geliebt wissen und diese Liebe uns erreicht hat, können wir anderen Menschen Liebe geben; und zwar nicht nur denen, die uns liebenswert erscheinen, sondern auch den Unsympathischen, die uns eckig und kantig vorkommen.

Diese vier einfachen Wahrheiten sind für Hermann Riefle in vielen Lebenslagen Grundsatz und Wegweiser geworden. Sie waren für ihn Schlüssel zum Herzen der Mitarbeiter und vieler anderer Menschen. Wenn wir sie beachten, brauchen wir auch vor der Zukunft keine Angst zu haben und können jedem neuen Tag trotz aller Herausforderungen und Schwierigkeiten, die er mit sich bringt, getrost entgegensehen.

Träume — und was es damit auf sich hat

In dem vorliegenden Buch habe ich immer wieder davon
geschrieben, daß Gott durch Träume zu mir geredet hat.
Nachdem die erste Auflage dieses Buches veröffentlicht
war, wurde mir immer wieder die Frage gestellt, wie das
von der Bibel her zu sehen ist.

Die Traumwelt ist ja eine sehr umstrittene und viel dis-
kutierte Angelegenheit. Aus diesem Grund tauchen natürlich sehr viele Fragen auf.

Was kann man aus Träumen herauslesen? Redet Gott
immer durch Träume? Kann Gott auch durch meine Träume sprechen? Wie merke ich das? Was sagt die Bibel überhaupt über die Träume? Das Sprichwort sagt: »Träume
sind Schäume«. Wie kann dann aus solchen Träumen das
Reden Gottes erkennbar werden?

Mit diesen Fragen möchte ich mich hier kurz ausein-
andersetzen und aus meiner Sicht eine Antwort geben.

In der Tat trifft bei vielen Träumen das o. g. Sprichwort weitgehend zu. Sie sind für die Zielsetzung und für
das Planen unseres Lebens nicht zu gebrauchen.

Ich möchte grundsätzlich drei Kategorien von Träumen
unterscheiden:

1. Träume, die aus dem Unterbewußtsein kommen

Diese Träume könnten wir als Sprache des inneren
Menschen bezeichnen. Sie bringen in symbolhafter Weise zum Ausdruck, was im Inneren des betreffenden Menschen vor sich geht. Es wird sichtbar, was er empfindet,
was er verdrängt, unter welchen Blockaden er leidet und
welche Schwachstellen ihn mitbestimmen.

Im Schlaf kommen dabei Dinge aus dem Unterbewußtsein an die Oberfläche, die sonst vom Bewußtsein unter-
drückt werden, nun aber in Bildern, Abläufen und

Ereignissen während des Schlafes verarbeitet werden. Ihr Inhalt resultiert aus bewußten oder unbewußten Erfahrungen der Vergangenheit. Diese Träume sind letztlich also immer rückwärts orientiert. Sie werden aus den tiefen Schichten des menschlichen Wesens gespeist. Wenn ein Mensch mit Jesus lebt, viele Erfahrungen mit ihm macht und durch den Heiligungsprozeß verändert wird, wird das auch auf seine Traumwelt einen Einfluß haben. Durch das Leben als bewußter Christ erfährt auch das Unterbewußtsein eine positive Veränderung. Ängste und Befürchtungen werden abgebaut und können somit auch in den Träumen nicht mehr den früheren Raum einnehmen.

2. Träume, die »bewußt« geträumt werden (Tagträume)

Diese Träume sind »Luftschlösser«, die der Träumer produziert. Ihnen liegen in der Regel bestimmte Wunschvorstellungen zugrunde. In diesen Träumen hängt der Mensch der Frage nach: »Was wäre, wenn....« Er malt sich aus, was wäre, wenn z. B. andere Umstände herrschten oder andere Menschen um ihn herum wären usw. Solche Träume finden durchaus bewußt statt. Sie werden von der Phantasie gebildet und haben das zum Inhalt, was die betreffende Person sich vorstellt.

»Träumereien« dieser Art sind nötig, wenn man kreative Gedanken entwickeln will. Man muß in bestimmten Situationen einfach der Phantasie freien Lauf lassen, sie in gewisser Weise — vom Bewußtsein unkontrolliert — träumen lassen. Aus solchen Träumen werden immer wieder Problemlösungen und neue Ideen entstehen.

Daneben gibt es sicher noch andere Arten von Träumen. Wir kennen ja alle die Träume, die bei Kindern sichtbar werden, wenn sie sich in Rollen anderer Personen hineindenken und diese mit hingebungsvoller Phantasie detailgetreu spielen.

Auch Träume, die durch Drogenkonsum oder Alkoholmißbrauch entstehen, sind uns bekannt.

Diese Träume werden vom Inneren des Menschen selbst hervorgebracht. Sie sind Produkt seiner selbst und sind somit auch an die Grenzen des Menschseins gebunden — wenn auch nicht an die Grenzen, die der betreffenden Person durch ihr Bewußtsein gesetzt sind.

3. Träume, die von außen gespeist sind

Die Bibel kennt die Möglichkeit, daß Gott durch Träume zu Menschen spricht. Dabei wirkt die Geistesgabe der Prophetie, die sich in der Form eines Traumes offenbart. Das kann sowohl im Schlaf als auch während des Wachzustandes stattfinden. Die Form gleicht der des gewöhnlichen Traumes völlig. Nur die Qualität ist eine ganz andere, da sich der Ursprung des Traumes und auch sein Inhalt von anderen Träumen unterscheidet. Die betroffenen Menschen verstehen zweifelsfrei: Hier spricht Gott zu mir und teilt mir seine Gedanken mit.

Letztendlich ist es nicht erklärbar, wie Gott hier mit dem Menschen handelt. Der Empfänger weiß jedoch, daß Gott geredet hat. Wenn nun der Inhalt dieses Traumes einem weiteren Personenkreis zugänglich gemacht werden soll oder gar zu einer relevanten Aussage für diese Gruppe wird, unterliegt der Traum den Gesetzen der prophetischen Rede und muß — genau wie diese auch — geprüft werden.

Bereits im Alten Testament spricht Gott selbst von der Möglichkeit, daß er durch Träume zu Menschen spricht (4. Mose 12,6). Der Traum wird als völlig normales Ausdrucksmittel gesehen — neben anderen Möglichkeiten — wie Gott den Menschen seine Gedanken offenbart (1. Samuel 28,6). Immer wieder werden uns Beispiele genannt, daß sich Gott dieser Sprache durchaus auch bedient hat. 1. Mose 28,12: Jakob »träumt« von der Himmelsleiter. 1. Mose 37,5: Josef geht gar als »Träumer« in die Geschichte seiner Familie ein.

1. Könige 3,5: Salomo erlebt das Reden Gottes am Anfang seines Königtums im Traum.

Daniel 2,1; 4,2: Selbst zu Heiden redet Gott und tut seinen Willen mittels Träumen dem Nebukadnezar kund.

Richter 7,13: Feindliche Soldaten werden durch Träume, die Gott ihnen eingibt, verwirrt und geängstigt.

Matthäus 27,19: Durch einen Traum seiner Frau wird Pilatus vor der Verurteilung Jesu gewarnt.

Im Neuen Testament redet Gott in besonderer Weise zu dem Zimmermann Josef (Matthäus 1,20; 2,13; 2,19; 2,22). Das Reden zu ihm muß so eindeutig und zweifelsfrei gewesen sein, daß er sogar bereit war, einen für ihn unvorstellbaren Vorgang zu akzeptieren (seine Verlobte Maria war — obwohl Jungfrau — schwanger geworden).

Auch bei Paulus dürfte es sich um ein ähnliches Erlebnis gehandelt haben, das die Grundlage für seine Entscheidung bildete, mit der Missionsarbeit in Europa zu beginnen (Apostelgeschichte 16,9).

Der Prophet Joel sagt voraus, daß Gott Träume als Artikulationsmittel verwenden würde (Joel 3,1).

Neben dem Reden Gottes durch Träume können sicher auch okkulte Kräfte den Menschen auf diese Weise ansprechen. Voraussetzung dafür ist allerdings, daß sich der Mensch dafür öffnet. So wissen wir ja auch von der Traumwelt, die durch Drogenkonsum hergestellt werden kann. Dabei ist die Grenze zwischen okkultem Einfluß und Ursprung aus dem eigenen Unterbewußtsein nicht genau definierbar.

4. Meine persönlichen Erfahrungen

An verschiedenen wichtigen Punkten meines Lebens habe ich das Reden Gottes im Traum erlebt. Immer wieder konnte Gott mir seine Gedanken durch Träume mitteilen. Es handelte sich dabei sowohl um Träume während der Nacht, als auch um solche während des Wachzustandes. Mein Bewußtsein war dabei jeweils nicht produktiv. Daneben höre ich auch immer wieder von anderen Menschen, zu denen Gott auf dieselbe Weise redet und ihnen seine Gedanken mitteilt. Das ist nichts Ungewöhnliches, sondern eine Äußerung des Charismas der Prophetie (1. Korinther 12,10; 14, 1-6).

Durch die Vielfalt der geistlichen Gaben redet der Heilige Geist bis in unsere Tage hinein zu den Christen. Es werden dabei jeweils biblische Wahrheiten aktualisiert und für die augenblickliche Situation beleuchtet. Alle Gaben, die uns das Neue Testament nennt, sind bis heute wirksam.

Diese Geistesgaben werden dem Gotteskind geschenkt, damit es seine Aufgaben bewältigen kann. Sie sind keineswegs als Zeichen geistlicher Reife oder Heiligkeit zu verstehen, sondern werden dem Christen ohne besondere Voraussetzungen von Gott übertragen.

Lieber Leser,

wenn Sie nähere Informationen über die Entwicklung des Altensteiger Auftrags wünschen, möchten wir Sie bitten, sich an die untenstehende Adresse zu wenden.

Ganz besonders würden wir uns freuen, wenn Sie dieses Buch inspirieren könnte, regelmäßig für uns zu beten. Ihre Fürbitte ist uns eine kostbare Gabe, die wir dankbar schätzen.

Zum Schluß möchten wir Sie einladen, uns in Altensteig zu besuchen.

JMS-Altensteig e.V.
Bahnhofstraße 43-47
7272 Altensteig
Telefon (0 74 53) 80 48